図とイラストですぐわかる
教師が使えるカウンセリングテクニック80

明治大学教授
諸富祥彦著

図書文化

はじめに

この本は、現場の教師が学校ですぐに使えるカウンセリングテクニックを、わかりやすく図やイラストをふんだんに用いて説明したものです。

少し読んでいただければわかりますが、この本で紹介されているのは、教師が現場ですぐにそのまま、明日からでも使えるカウンセリングのテクニックばかりです。

欠席がちで不登校になりそうな子がいる。どうすればいいか。

発達障害の子がいて学級でいつもトラブルを起こしている。どうしたらいいか。

最近、学級がザワザワしていて、真面目な子の元気がなくなっている。何ができるのか。

こうした多くの教師が直面する問題に対して、有効なテクニックを次々と紹介しているのです。

しかも、いずれも「かゆいところに手が届く」ものばかり！　そうしたテクニックが、何と、80も一気にまとめて紹介してあります！

ロジャーズ、フォーカシングからアドラー心理学、ソリューションフォーカストアプローチ、認知行動療法、エンカウンター、ソーシャルスキルトレーニング、ピアサポート、グループワークトレーニング、アサーショントレーニング、クラス会議まで実にさまざまな方法のエッセンスがこの一冊を読むだけで、まず簡単に学ぶことができるようになっています。

扱う内容も、不登校、いじめ、発達障害、学級の荒れ、保護者対応から、どの子も安心してすごせる学級のつくり方、自己肯定感の高め方、定期教育相談のもち方、教師のストレス解消法まで多岐にわたります。

この一冊でまずは勘どころをつかめるようにしてあります。しかも言葉ではなかなか伝えにくいテクニックの実際について、読まなくても見ただけでパッとわかるように図やイラストをふんだんに使って説明してあります。

忙しい教師が楽して多くのことをすぐに簡単に学べる――こんなお得な本、これまでなかったのではないでしょうか。

「教師が現場で使えるカウンセリングの方法を学ぶなら、まずはこの本からだね」――先生方にそう言っていただける本をめざして書きました。

「まずは、この本から」――先生方が忙しい毎日の合間をぬって気軽に楽しく教育カウンセリングの手法を学ばれることを祈っています。

二〇一四年一月

諸富祥彦

図とイラストですぐわかる
教師が使えるカウンセリングテクニック80

目次

教師の哲学

教師は人間関係のプロでなければならない

・9　ロジャーズの「受容」とは、子どもを甘やかすことではない。苦しみを抱えた人が、「ありのままの姿でそこにいていいんですよ」という雰囲気を感じることができる。「この先生のそばにいれば、私はあるがままの自分でいることができる」と感じることができる。そんな関係を提供することである。

10　自分の気持ちを伝えたいときには、「わたしメッセージ」で伝える。

子どもの心がスッと前向きに変わる最強のカウンセリング技法――

11　すべての問題行動の背景にあるのは、自尊感情の傷つき、自己肯定感の低下である。「どうせ私は」「どうせ僕は」という心のつぶやきである。

12　自己肯定感を育てる最大のポイントは、「私はこのクラスで必要とされている」「私はこのクラスで役に立つことができている」という感覚、つまり自己有用感を育てていくことである。

13　裏切られても裏切られても見捨てない。その粘り強いかかわりがいつか子どもたちの心の中ににじわーっとエネルギーを育んでいく。

14　子どもの話す言葉がうそかほんとうかにとらわれるな。うそであっても子どもの言葉の背景には、ほんとうの気持ちが潜んでいる。子どもの言葉を「あえて真に受ける」

ことで、その背景に潜む子どもの気持ちに寄り添っていくことができる。
15 子どものどんな問題の中にも、その子のもち味やよさ（リソース）を見つけてそこに目を向けていこう（ソリューション・フォーカスト・アプローチ）。
16 アドラー心理学の勇気づけで、子どもを「信頼」した言葉かけをおこなっていくと、子どもは変わっていく。
17 子どもにルールを守らせるのが苦手な先生は、〝勇気づけ〟で、ルールを守りたいという前向きな気持ちを育んでいこう。
18 「心の空間づくり」をすることで、子どもたちが心の整理をする時間をもとう。
19 イライラしてきたときは、「イライラ虫が私についている」と考えてみよう。そして、「イライラ虫とどうつきあえばいいか」を考えよう。
20 自己表現ワークシートを使って、いろいろなことで爆発しそうになっている気持ちを整理する時間をつくろう。

学校で使えるグループアプローチ

21 学級経営や授業に生かせるグループアプローチには何があり、どこが違うかを知っておこう。

教育相談週間とアンケートと個別面接

いじめ

45　いじめは、いじめられた子どもの人生に、取り返しがつかないほどの決定的な傷（トラウマ）を残す。いじめ対応の中心は、被害者を徹底的に保護することである。

46　いじめられている子に、教師や親が絶対に言ってはいけない三つの言葉。「あなたにも悪いところがあるでしょう」。「あなたが気にしなければすむ話でしょう」。「あなたがもっと強くなればいいのよ」。

47　いじめの学級指導をするときは、必ず本人と保護者に了解を取ろう。

48　学年の教師全員で、〝本気〟のいじめのロールプレイをする。

49　トイレの前に男子生徒四人が妙な雰囲気でいる——こんな場面では、ターゲットになりそうな子をその場で別の場所に連れていく。

不登校

50　不登校対応は、休み始めて〝最初の三日〟が勝負。三日休んだところで、欠席理由に関係なく家庭訪問をしよう。

51　一カ月以上不登校の子には、「学校に行かなくちゃいけないとは思っているのかな」とたずねてみる。

52 適応指導教室に通っている子どもには、月に一度は定期的に会いにいくこと。

53 緊張や不安が強い別室登校の子どもたちと接するときは〝長い沈黙〟は禁物。ノンストップトーキングで楽しい気持ちにさせることができる教師がフロントに立って対応しよう。

54 長期の不登校の子の家庭にも、行事予定表は必ず送り届けること。卒業後の年賀状と暑中見舞いは十年間出し続けよう。

特別支援教育

55 「一指示一動作の法則」。一つの指示を出したら、それを実行できてから、次の指示を出すこと。

56 教室前方をすっきりさせて、発達障害をもつ子どもの気持ちを散らさないようにせよ。

57 「一分待ちます」「十、数えます」と、数字を使って具体的なゴールを示す。

58 授業時間を「音読タイム」「書き写しタイム」などと、小さなユニットに分ける。

59 「説明の時間」は可能なかぎり短く。授業はテンポよく進めること。

60 何度も手をあげている子に「『はい』は一度だけです」と厳しく言うのは×。静かに手をあげている子をくり返しほめる。

61　教卓の横に並ばせて丸つけをするのはやめる。教師が机と机の間を歩きながら、一人一人に声をかけていこう。

62　「見ていたよ」「がんばっていたね」「ここが成長したね。うれしいよ」と承認の言葉かけをすべての子どもにしていこう。

63　「私は○○が好きです。なぜならば」と自分の考えの結論と理由を説明する文章を書かせるなどして、問答ゲームをおこなう。

64　発達障害をもつ子どもに声かけするときは、「○○してはだめ」という否定語ではなく、「○○しましょうね」と肯定語を使う。

65　パニック時に「一人になれるクールダウンのスペース」を用意しておく。

66　教師ごとにルールや授業の進め方が違うと子どもは混乱する。教師全員で、「同じルール」を共有すること。

保護者対応

67　発達障害をもつ子の保護者とかかわるときには、いきなりだめ出しは禁物。「○○君、かわいいですね。私、大好きなんですよ」と伝えることで初めて保護者とつながることができる。

68　保護者対応でメンタルヘルスを崩す教師が急増中！　教師の人権とメンタルヘルスを守るために、①自宅の電話番号、携帯の番号、自宅の住所は伝えない。②必ず複数のチームで対応する。この二つを徹底しよう。

69　保護者対応は「言った、言わない」の応酬になりがち。これを防ぐために必ず複数の教員チームで対応すること。

70　クレーマー保護者には、①来校をねぎらう。②プラスワンの人数。③お茶とお茶菓子を用意する。④ていねいに傾聴する。

71　保護者対応は初動が肝心。謝るべき点は最初に明確に謝罪すること。できもしないことを、できるかもしれないように伝えるのは厳禁です。

72　保護者に好かれる教師になるポイントは三つ。①子どもウオッチング。学級ウオッチング。②まめな対応。③さわやかで気さくな雰囲気。

チーム支援

73　すべての子どもにもれなく援助を提供するには、部会や支援チームという形での〝システム連携〟が不可欠です。

74　学校教育相談の基本は〝事を荒立てる〟こと。「大変だ、大変だ」と騒ぐことで、子どもの情報を共有しよう。

75 スクールカウンセラーを活用する四つの鉄則

76 学校や学級が荒れたときの対応で必要なのは三つ。①大声で怒鳴るのをやめる。②追い詰めるのをやめる。③生徒のことを信頼し、粘り強くかかわり続ける。

生徒へのかかわりの根本姿勢

77 生徒を決して切らない。見捨てない。

メンタルヘルス

78 「一人カラオケ」や「アロマ」を使って、ストレスをこまめに解消していこう。

79 うつ病は早期発見、早期対応が大切。一週間以上よく眠れない日が続いたら、気軽にメンタルクリニックに行こう。

80 教師の主な悩みは四つ。①多忙さ、②学級経営や生徒指導、③保護者対応、④同僚や管理職との関係です。教師にとって最も大きな支えとなるのは、〝教師同士の支えあい〟です。

1 教師として自分の哲学をもて。

この本は、学校現場で使えるカウンセリングテクニックを紹介する本です。授業場面や保健室や相談室での生徒とのちょっとした会話ですぐに使える具体的な方法やテクニックを次々と紹介してあります。

私は教師がカウンセリングを学習するとき、あえて「まずテクニックを学べ」と言います。こう言うと、「何を軽々しいことを」と反感をもたれる方がいるかもしれません。しかし私は現場の忙しい先生に、最初から、根本から学んでいきましょうと要求すること自体が無理だと思うのです。まずはモノマネでもいいので、テクニックを学んでそれを試してみること。実際試してみたら、これまで動いてくれなかった子どもたちが動いたり、いつも落ち込んでいた子どもが前向きな気持ちになれたりする。つまり、実際に変化していくのが目に見える形でよくわかる。すると、「カウンセリング技法というのは、使えるな」「効果があるな」ということが肌で感じ取れるのです。

なのでこの本は、あえてテクニックを学んでもらう本にしているのです。けれども、テクニックが積み重ねられていったら、ぜひその背景にある哲学も学んで、自分自身の教師としての哲学として、統合していっていただきたいと思います。

例えば、グループエンカウンターを学級でおこなうときに、「I am OK, and You are OK」というフィロソフィ（哲学）を背景にもちながらやっていれば、子どもたちが他者を否定するような言動――チビとかデブとかという乱暴な言葉づかいなど――をし始めたときに、これはエンカウンターの自己肯定かつ他者肯定という原理に反することがわかります。すると、指導に入りやすいと思います。

けれども、エンカウンターならエンカウンターの表面上の形だけを学んでいくと、何がその精神であるかはわかりません。すると子どもたちが教師が学んでほしいのとまったく違うことをしていても、それを放置することになりかねません。

最初はテクニックから入っていい。しかしだいぶ蓄積されてきたらその背景にある哲学を学んで、自分自身の哲学としてほしいのです。哲学をもった教師が、その表現としてカウンセリングのテクニックを使うとき、それはいのちが吹き込まれたものになるからです。

「哲学をもつ教師」になれ。まずはこうお伝えしておきたいと思います。

2 「私は自分の人生の主人公だ」。「俺には俺の生き方がある」。

「僕には僕の生き方がある」「私には私の生き方がある」という実存主義の哲学が、カウンセリングのバックボーン（背景）にはあります。「僕には僕の生き方がある」「私には私の生き方がある」という実存主義の哲学をぜひ体得してほしいと思います。

カウンセリングが最も大きな広がりを見せたのが、一九六〇年代から一九七〇年代の初めぐらいです。このときにアメリカのカウンセリングやガイダンスを学んだ國分康孝先生や坂本昇一先生によって、日本の生徒指導や教育相談の基盤がつくられました。当時のカウンセリングの主流の哲学は、実存主義の哲学なのです。

「自分には自分の生き方がある」「私は私らしい生き方をつくり上げていいんだ」「私は私の

教育カウンセリングの基盤は、
「私は自分の人生の主人公になる」という実存主義の哲学

人生の主人公である」――そういう哲学が多くの人を魅了していきました。

そしてそれまで例えば問題を起こした生徒に対してどなりつけていたのが、「君は、どうしたらいいと思うの？」と問いかけ、自己決定、自己選択を迫っていく、実存主義的なかかわりをするようになったのです。これが学校でのカウンセリングブームの火つけ役になりました。

この本を通してカウンセリングのさまざまなテクニックを学んでいただきます。しかし、その背景には、「私には私の生き方がある」「私は自分の人生の主人公であっていいんだ」という実存主義の哲学があることを忘れないでいただきたいのです。

3 教師としての〝使命感〟をもて。——フランクルの実存分析が教えてくれること

実存分析（ロゴセラピー）の創始者、V・E・フランクルは、こんなメッセージを送ってきます。「あなたは人生から問われている。自分の人生に与えられた〝使命〟をあなたはほんとうに果たしているのか」と。

フランクルは「人間は自分の幸せを求めているうちは、幸福は訪れない。自己実現をしたいと思っているうちは、自己実現を手にすることはできない」と言います。

ではどうすればいいのか。「自分の人生に与えられた使命を果たすこと——自分を必要としている何か、自分を必要としている誰かのために、何かを果たそうと我を忘れて取り組んでいるときに、人の心ははじめておのずとじわーっと満たされてくる。幸福はあくまでその結果、

手に入るのであって、幸福を目標にしてはならない」とフランクルは言います。

　これはまさに教師にこそ必要な哲学だと思います。もしあなたがクラス担任の教師であれば、クラスの一人一人の子どもがあなたのことを心から必要としています。これから出会う多くの子どもたちも、あなたとの出会いがなければ身につけることができない大きな力を身につけていくでしょう。

　教師としてほんとうに充実した人生を送るために必要なのは、この〝使命感〟です。数十年続く教師人生の中で自分はどんな課題に取り組むのか、どんな使命を果たさなくてはならないのか――例えばそれは「不登校やいじめられている子どもの力になりたい」でもかまわないし、「自己肯定感をもてる子を育てたい」でもかまいません。自分の「教師としての使命」をとりあえず三年程度のスパンでいいので定めておきたいものです。自分はこの三年間どんな使命に取り組むのか。そのミッションを自分自身で明確に意識して取り組むこと。

　これがないと、教師としての自分が何だか定まらずにぐらぐら不安定になってくることがあります。

　「教師としての自分はどんな使命を果たしたいのか」――これを絶えず自問自答して生きること。教師としてのミッション（使命感）とパッション（情熱）。これが、あなたが心から満たされた教師人生を送るために必要なものなのです。

4 教師は「人間関係のプロ」でなくてはならない。

「教師は教科指導のプロである以前に、人間関係のプロでなくてはならない」。これが私の持論です。

私が多くの先生方とかかわって悩みをお聞きしている中でいちばん感じるのは、教師というのはまさに「常に人間関係にかかわる仕事なのだ」ということです。

学校の先生にはさまざまな悩みがあります。その多くは、子どもとの関係、保護者との関係、同僚や管理職との関係など、さまざまな人間関係にかかわるものです。つまり絶えず〝人間関係の中でおこなう仕事〟――これが教師という仕事の最大の特徴です。

私が大学一年生のときに、恩師の國分康孝先生に、「先生、僕は将来、カウンセラーか教師

人間関係のプロに

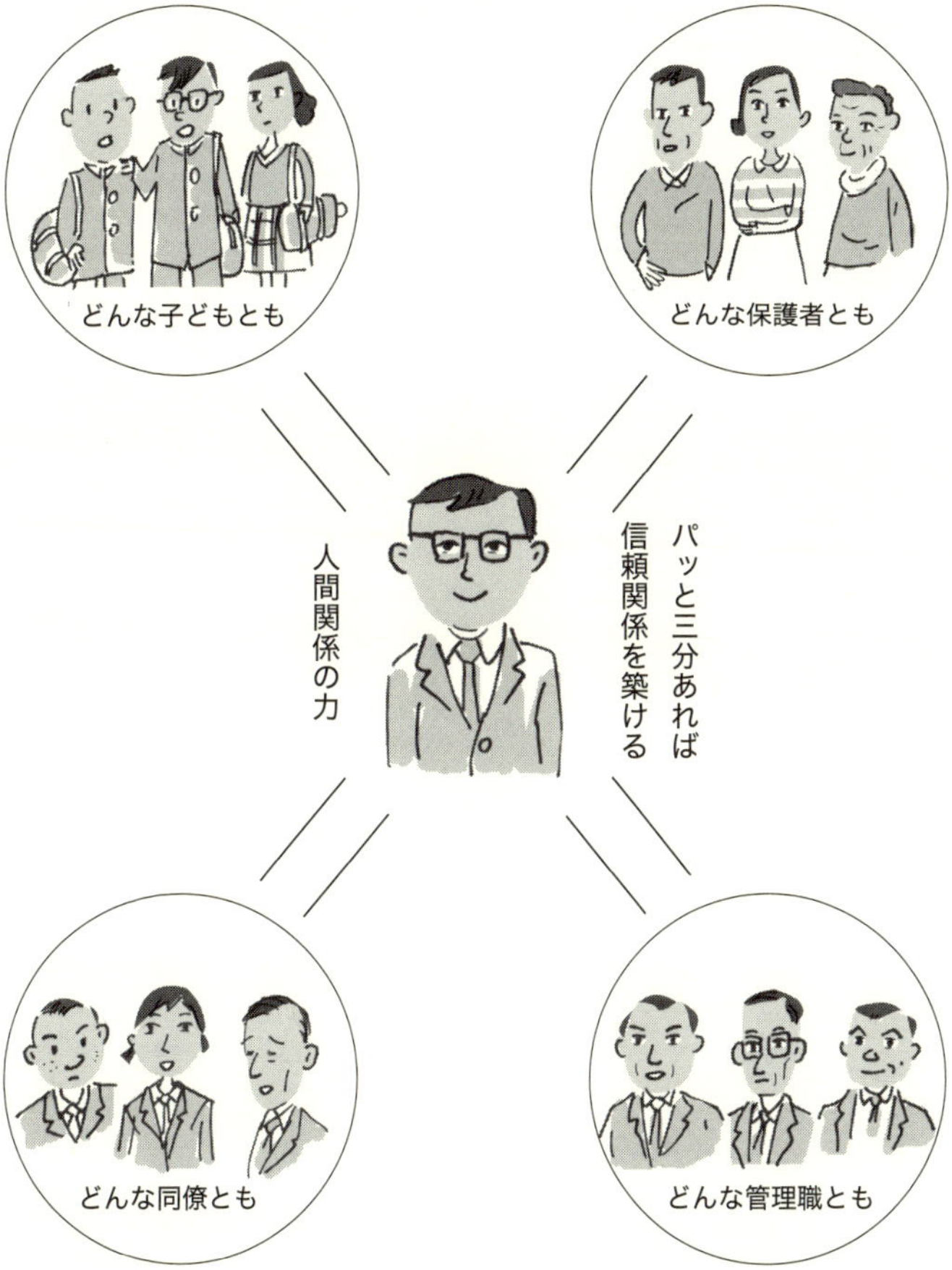
どんな子どもとも
どんな保護者とも
人間関係の力
パッと三分あれば
信頼関係を築ける
どんな同僚とも
どんな管理職とも

になりたいんですけど、どういう資質が必要ですか」と聞いたら、先生は「教師もカウンセラーも絶えず人とかかわる仕事なので、人間関係をエンジョイできていないと、苦しくなるんじゃないか」とおっしゃっていました。私もいま、これを痛感しています。

教師の中には、「いや、私は社会科のプロである」、「理科のプロである」、「英語のプロである」という考え方をもっている人もいるかもしれません。しかしながら、子どもたちとの信頼関係が成り立っていなければ、授業の成立すら可能にならないのが現実です。

しかも教師は相手を選ぶことができません。どの校長の下で働きたいかとか、どんな子どもを引き受けたいかとか、どんな保護者と接したいかと相手を選ぶことができません。

相手がどんな相手であれ、数分から数十分の間で信頼関係を築くことができる、それだけの人間関係の力をもっていないと、教師という仕事は務まらないと思います。

教師という仕事は、人間関係のプロでなくては務まらない仕事なのです。

教師は人間関係のプロでなければならない

5 〝リレーション〟こそ、あらゆるカウンセリングテクニックのベースである。

いま、さまざまなカウンセリングのテクニックが紹介されています。最近の流行で言えば、例えば認知行動療法とかソリューション・フォーカスト・アプローチでしょうか。

しかしながら、カウンセリングで最も重要であり、これがなくてはすべてのカウンセリングテクニックが意味を失ってしまうもの、それはリレーション（気持ちと気持ちのつながり、心と心のふれあいのある人間関係）です。これに異論のある方はまずいないでしょう。

どんな人が相手でも、リレーションを瞬時に作る力こそ、〝人間関係のプロ〟としての教師に求められる力なのです。

例えばいま、東京から博多まで新幹線に乗って、博多どんたくを見に行くところだとしましょ

リレーション（気持ちと気持ちのつながり）を瞬時に作る力を

う。そのとき隣の席の人もどうやら博多どんたくのパンフレットを手にしていることがわかりました。あなたなら、そのときどうするでしょうか。

自分の方から、「あなたもどんたくに行かれるんですか。私もなんですよー」と声をかけて、五時間十五分の間、時折、ふれあいを楽しみながら過ごすことができるでしょうか。それとも内心、「この人もどんたくへ行くんだ。この人も行くんだ」と思いながら、むっつりしたまま五時間十五分、過ごしてしまうでしょうか。

つまりあなたは「ふれあいさん」でしょうか、それとも「むっつりさん」でしょうか。

私は、教師には、隣の人がどんな人であれ、「瞬時にして心ふれあう人間関係をつくり、時折ふれあいを楽しみながら五時間十五分を過ごすことができる力」が必要だと思います。

「心を開いて、瞬時にして気持ちと気持ちのつながり（リレーション）をつくる能力」――これこそが教師に求められる人間関係力の中核をなすものなのです。

「電車でたまたま隣にいる人とすぐに関係をつくる能力」（リレーション力）こそ、教師に求められるものなのです。

6　子ども、保護者、同僚が助けを求めたくなる（援助希求できる）関係こそ、学校カウンセリングのキーポイント

私は、いじめの問題にせよ、保護者対応の問題にせよ、教師のメンタルヘルスの問題にせよ、学校でのカウンセリングでいま、最も必要とされているのは、子どもたちや保護者たちや同僚からどうすれば助けを求めてもらえるか、だと思います。つまり「援助希求＝（help-seeking）」をしてもらえる関係づくりこそ、学校教育における急務であり、最重要課題であると思うのです。

例えばいじめですが、子どもたちは教師の目を盗んでいじめをおこなうのですから、そう簡単には発見することができません。むしろ必要なのは、子どもたちがいじめられてほんとうにつらいときに、子どもたちからSOSを出してもらえる関係、援助希求をしてもらえる関係を

援助希求できる関係（弱音を吐ける関係）をつくる

普段からつくっておくことです。あるいはクレーマーになって教師に攻撃を加える保護者も、もともとは何か先生に助けを求めたいことがあったのに、素直に助けを求めることができなかったからこそ不満がたまって、クレームをつけるようになった人が多いのです。教師のうつ病の問題にしても、同じ職場の中に何でも相談できる先生がいたらかなりの人が救われるはずです。

そう考えると、カウンセリングを勉強した先生がすべきことは「子どもや保護者や同僚から援助希求をしてもらえる関係の提供」です。

「何だか、この人といるとほっとするね」、「この人のそばにいるとつい弱音を吐きたくなるよね」――そう言ってもらえる関係をどうやって提供できるかにかかっているのです。

7 「開かれた質問」を使って、相手が助けを求めやすいリレーションをつくろう。

私自身も大学の教員として、学生たちが助けを求めやすい関係を提供できているかな（援助希求をしやすい関係を提供できているかな）と考えることがあります。先生方はいかがでしょうか。相手が助けを求めやすい関係をつくることができているでしょうか。

私がここでふと思い出したのは、私の子どもを預かってもらっていた保育園のある先生です。お迎えに行ったときに、「最近うちの子どもは元気がないな」とか、「うちの子どもに友だちはできているのかな」と思って先生に相談したいと思うことがあります。でも先生方も忙しくて、なかなか相談しづらい雰囲気がある。

そんなときにある先生が「お父さん、最近どうですか〜？」と明るく優しく声かけをしてくれたのです。このあったかい「どうですか〜」、何でも答えられるような質問の仕方――。これを「開かれた質問」といいます。これとは逆に、例えば「あなたは何月何日に生まれましたか」というような答えが一つしかない質問、これを「閉ざされた質問」といいます。

「閉ざされた質問」は正確な情報をつかむために必要な質問です。これに対して、「開かれた質問」は「相手が話したいことを話すきっかけ」をつくるための質問です。これはとても重要なところです。「自分が聞きたいことを聞くのではなくて、相手が話したいことを話してもらうためのきっかけをつくる質問」をするのです。

私が前にかかわっていた中学校の職員室に、ほんとうに明るくていつも職員室を回りながらいろんな方に声かけをしている教頭先生がいました。すると職員室の雰囲気が一気に明るくなりました。この教頭先生にはいろいろな先生が困っていることを相談していました。

「相手が援助希求しやすい関係」をつくるためには、「相手が話すのを待つ」のではだめです。自分から積極的に開かれた質問で声かけをしていく、リレーションづくりをしていくことが必要です。ちょっと、ほろ酔い気分で話しかけるくらいがちょうどいいでしょう。

8　相手がホッとできる〝心のスペース〟をつくろう。〝忙しいビーム〟を放っている先生には、誰も相談してくれない。

私はさまざまな研修会でいろいろな先生方とお会いします。研修会で出会ったときには、すてきな感じの方だなと思う先生がいます。

けれども、その先生に校内研修に呼んでもらったら、まったく雰囲気が違ってしまっていることがあります。研修会で会うと、雰囲気にゆとりがあって、「この先生だったら僕でも何かつらいことがあったら相談してみたくなるかな」と思える雰囲気があったのに、現場でお会いすると、「忙しい、忙しい、忙しい」でピリピリ、カリカリしてしまっている。〝忙しいビーム〟を放ちまくっているのです。

心のスペース

〝忙しいビーム〟を放ちまくっている先生に、果たしていま、つらい気持ちを抱えている子どもが援助を求めてくれるでしょうか。

自戒を込めて言いますが、私も大学の校舎にいるときは、次から次へと仕事があるので、つい忙しいビームを発してしまいます。そういうときに悩みを抱えている学生が私に相談しづらい雰囲気になっているのではないかと反省することがあります。

先生方ご自身はどうでしょうか。〝忙しいビーム〟をつい発してしまっていないでしょうか。

まずは自分自身の心が安定していること。自分自身の心に人の気持ちをすっと受け入れることができる余裕、心のスペースを作ることができていること。これはカウンセリングを学んだ教師が、現場にいるときに絶えず心がけたいことです。

9　ロジャーズの「受容」とは、子どもを甘やかすことではない。苦しみを抱えた人が、「ありのままの姿でそこにいていいんですよ」という雰囲気を感じることができる。「この先生のそばにいれば、私はあるがままの自分でいることができる」と感じることができる。そんな関係を提供することである。

私がイギリスにロジャーズ派の世界的権威であるデイブ・メァーンズ先生を訪ねたときのことです。私はストレートに「先生、ロジャーズのカウンセリングの核心を一言で言うとどうなりますか」と質問しました。

メァーンズ先生は、三十秒ほどうーんとうなって沈黙した後に、「相手の人のために、十分なスペース（空間）を提供することである」と答えられました。「この人のそばにいると、私はあるがままの自分でいることができる。決して飾ったり、いい子に見せたり、強がったりすることなしに、弱いままの自分、だめなままの自分でいることができる。この先生は、私といるときは、時間も、心のエネルギーも、すべてを私だけのために提供してくれている」――そんなふうに感じることのできる心の空間（スペース）を提供することだとおっしゃったのです。

つまり受容とは、ほめることでもないし、叱ることでもありません。「あなたのいまの姿は素晴らしいですよ」とポジティブメッセージを送ることでもありません。苦しんでのた打ち回っている人が目の前にいれば、その苦しんでのた打ち回っている姿をあるがまま、そのままの姿で受け止めることができる。そういう「心のスペース」を提供できること。これがロジャーズの言う「受容」なのです。

それは子どもたちを甘やかすことでもなければ、ただほめて育てるといったこととも違います。苦しんでいる子どもたちのそばに寄り添って、そのままの姿を受け止めることです。――人間は自分のあるがままの姿を受け止めてもらったときに、なぜかじわーっと心の底から生きるエネルギーがわいてくるのです。

10 自分の気持ちを伝えたいときには、「わたしメッセージ」で伝える。

自分の気持ちを誰かに伝えるときには、「あなたは○○でしょう」と二人称で伝えるのではなく、心の中で、「私は」を主語にして、「私は○○と思っているのよ」と一人称に置き換えて、子どもに気持ちを伝えるようにしましょう。

「わたしメッセージ」というのは、ロジャーズの弟子の一人トマス・ゴードンが「親業」、「教師業」をつくるときに考案したものです。そのポイントは、教師が自分の感情を自己開示して伝えるときに、それを「あなたは○○なのよ」と二人称で伝えるのをやめることです。そんなふうに二人称で気持ちをぶつけられた子どもは、自分を否定されたような思いになってしまいます。「この先生は私のことが嫌いなんだ」、「私のことを認めてくれないんだ」という自己否定的な気持ちになってしまうのです。そうではなくて、「私は……」と私を一人称にする形の文章に自分の心の中で変えてから相手に伝えるようにしましょう。

例えばある中学校の教師は、子どもたちにどうしても伝えたい気持ちがあったけれども、それがうまく言葉にならなかったといいます。その先生は思わず、何と、黒板を何度も空手チョップのようにバタバタたたきながら、「俺が感じているのはこういうことなんだ！」と叫びながら気持ちを伝えました。その後、教室はしーんと静まり返った後に、何か大事なことを教えてもらったという空気が充満したといいます。

卒業して五年後に同窓会があったときに、生徒たちは言ったのです。

「先生の授業は正直、一つも覚えていません。だけどあのシーンだけは覚えています。道徳の授業の途中に、先生は自分が何を言ったらいいかわからなくなって、『とにかく僕はこう思っているんだ！』と黒板をバンバンたたきながら言いました。そのときだけは先生が何かほんとうに大切なことを伝えてくれている。この先生は人生でいちばん大事なことを必死に伝えようとしてくれていることが伝わってきました」。

教育で大切な瞬間とは、こういう瞬間のことを言うのではないでしょうか。

11 すべての問題行動の背景にあるのは、自尊感情の傷つき、自己肯定感の低下である。「どうせ私は」「どうせ僕は」という心のつぶやきである。

私は、スクールカウンセラーとして勤務してもう十五年になります。さまざまな子どもたちの悩みを聞いてきました。不登校の子ども、引きこもっている子ども、クラスを荒らしている子ども、万引をしている子ども、恐喝をしている子ども、いじめている子ども……。その中でいつも思うのは、こうした問題行動のすべての根っこに共通してあるのは、一つ。自己肯定感の低下、自尊感情の傷つきだということです。

自己肯定感は、子どもの心全体にかかわる実存的な感覚です。それに対して、自尊感情とは

自己肯定感の諸相

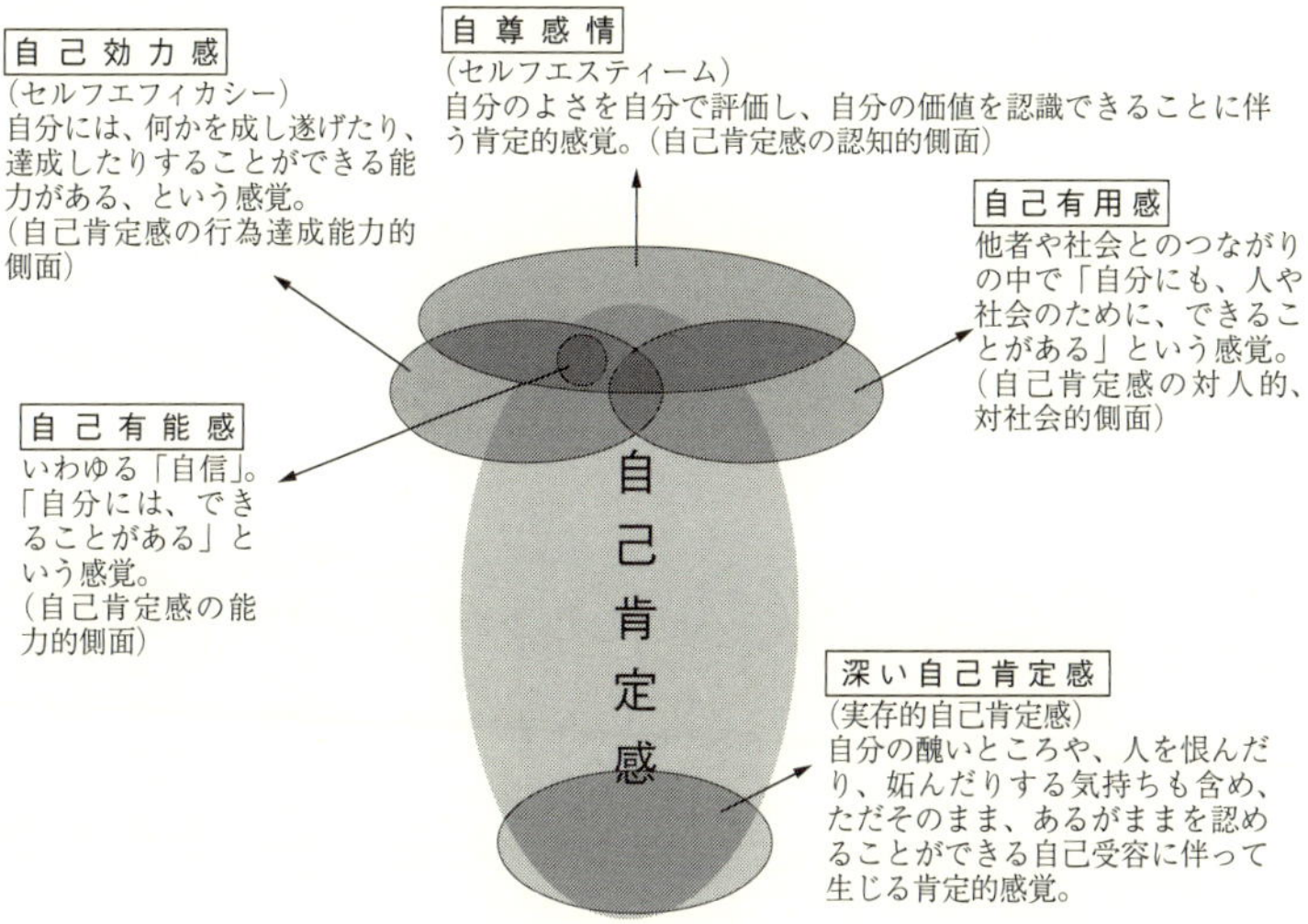
自尊感情
(セルフエステイーム)
自分のよさを自分で評価し、自分の価値を認識できることに伴う肯定的感覚。(自己肯定感の認知的側面)
自己効力感
(セルフエフィカシー)
自分には、何かを成し遂げたり、達成したりすることができる能力がある、という感覚。
(自己肯定感の行為達成能力的側面)
自己有用感
他者や社会とのつながりの中で「自分にも、人や社会のために、できることがある」という感覚。
(自己肯定感の対人的、対社会的側面)
自己有能感
いわゆる「自信」。「自分には、できることがある」という感覚。
(自己肯定感の能力的側面)
自己肯定感
深い自己肯定感
(実存的自己肯定感)
自分の醜いところや、人を恨んだり、妬んだりする気持ちも含め、ただそのまま、あるがままを認めることができる自己受容に伴って生じる肯定的感覚。

セルフエスティーム(自己評価)という、「自己肯定感の認知的な側面」のことです。

自己肯定感をどうやって支えていくかが、すべての学校カウンセリングの鍵であると私は思っています。というのは、不登校の子ども、いじめられている子ども、万引をしている子ども、どの子どもと話していても、そういう子どもたちの心から「どうせ私なんか」「どうせ僕なんか」という言葉にならない心のつぶやきが発せられているように感じられるからです。子どもの自尊感情、自己肯定感をどうやって支えるか――個人対象のアプローチにせよ、集団でのアプローチにせよ、すべての学校カウンセリングは、この一点をめざしておこなうのだと言っても過言ではないと思います。(諸富祥彦『自分を好きになる子を育てる先生』図書文化参照)

12 自己肯定感を育てる最大のポイントは、「私はこのクラスで必要とされている」「私はこのクラスで役に立つことができている」という感覚、つまり自己有用感を育てていくことである。

すべての子どもの問題行動の背景にあるのは「自己肯定感」をもてないことだと言いました。それを育てていく最大のポイントは、「自分はこのクラスで必要とされている」「このクラスで役に立つことができている」と感じる体験をもたせることです。

そのためには、二つのアプローチがあります。一つは、教師の粘り強い肯定的な言葉かけです。「先生は、○○○なクラスをつくろうと思っているんだ。そのためにはY君、あなたの力

「自分は役に立てている」と感じさせることで自己肯定感を育てる

がどうしても必要なの」。こういうメッセージを絶えず送り続けること。何度、裏切られても裏切られても見捨てずに、粘り強くかかわり続けること。これが子どもたちの心に、じわーっと自己肯定感を育んでいきます。「あなたのことが必要なんだ」というメッセージを伝えていくのです。

もう一つは、さまざまな行事や係活動で「自分は役に立てている」と感じることができる役割を与えることです。例えばある小学校二年生の女の子は、別室登校をくり返しながら、なかなか教室復帰ができずにいました。そのときに先生が「Kちゃん、何か得意なことはある？」と聞いたら「何もない」。「じゃあ、何か好きなものはあるかな？」。「先生、私、カメが好き……」。そう言ったので「じゃあ、カメ係になってくれるかな」と、Kちゃんにカメの世話係という役割を与えました。この子は、「私のことをカメが待っている」と教室に行くようになりました。

学級経営のうまい先生は、係活動や行事の出番を工夫することで、どの子どもも「私にもできることがある」という感覚を抱けるようにしていくことができる先生です。

13 裏切られても裏切られても見捨てない。その粘り強いかかわりがいつか子どもたちの心の中にじわーっとエネルギーを育んでいく。

子どもに「裏切られても裏切られても見捨てない」粘り強い姿勢こそ、カウンセリングを学んだ教師が、ほかの教師と一線を画す最大のポイントだと思います。

多くの先生は子どもたちを指導した後、「だってあいつは何度言ってもわからないんですよ」と口にします。「あいつ、何度言ってもわからないですから、仕方ないですよ」ともう見放したと言わんばかりの言葉を口にする方もいます。

こういう先生方の最大の勘違いは、「自分が正しいことを教えていれば、子どもたちも正し

「裏切られても、裏切られても、見捨てないかかわり」こそ
カウンセリングを学んだ教師の真骨頂

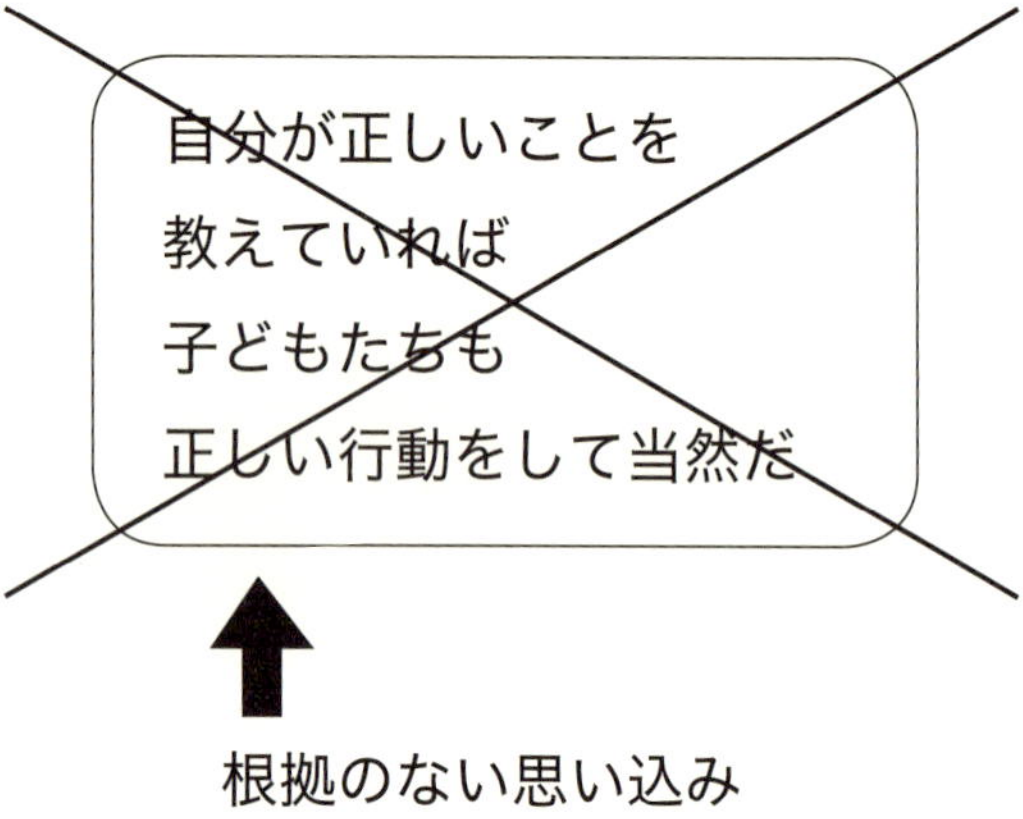
自分が正しいことを
教えていれば
子どもたちも
正しい行動をして当然だ
根拠のない思い込み

私、いいところ
なんて……
１つもありません
そうか……
つい、そんな気持ちに
なっちゃうんだね
もう知らない

い行動をして当然だ」という思い込みです。

これは何の根拠もない勝手な思い込みです。

とくに中学や高校の養護教諭の先生が言われることが多いのですが、例えば、何度もリストカットをしてくる子どもに、「もうやめにしようね」「もっと自分を大事にしようね」と言う。そのときは「わかった。もうしない」と言っても、またリストカットをしてくる。あるいは、いくら「あなたにもいいところがあるのよ」と伝えても、「私なんかいいところはない」と言う子どもがいる。

こういう子どもたちを前に、しびれを切らしてしまう先生が少なくありません。――「あなたなんか、もう知らない」と言ってしまうのです。この言葉は、決して発してはいけない言葉です。

では、こういう生徒に教師は何ができるのか。それは、「決して切らない。見捨てない。何度裏切られても見捨てない」粘り強いかかわりです。裏切られることを承知でやるのが教育であり、カウンセリングというものです。何度裏切られても子どもに対する期待を決して捨てないこと。

何度裏切られても決して切らない、見捨てない――そんな姿勢がいつか届いて子どもたちの心をじわーっと変えていくのです。

14 子どもの話す言葉がうそかほんとうかにとらわれるな。うそであっても子どもの言葉の背景には、ほんとうの気持ちが潜んでいる。子どもの言葉を「あえて真に受ける」ことで、その背景に潜む子どもの気持ちに寄り添っていくことができる。

「どうせあの子の言うことなんかうそですよ。あんなうそばっかり言うやつを信じても仕方ないですよ。何度聞いてもころころ、ころころ変わるんだもん。もうやめましょうよ、あいつに期待するのは」――うそをつく癖がある子どもについて、こう言う先生は結構いるものです。「うそかほんとうか」ということにとらわれてしまうのです。けれども「言葉尻にとらわれるな。

気持ちに寄り添え」「話の内容にとらわれるな。その背景にある気持ちを理解せよ」というのがカウンセリングの基本精神です。

子どもというのはうそをつく生き物です。とくに自分が追い込まれたり、自分の中でつじつまが合わないようになったら、すぐうそをつきます。しかしそれは決して先生をだましたいという気持ちからではなくて、うそを言うと自分の中でつじつまが合わないことが気になって、それを何とか埋めなきゃと思って、またうそをついてしまうのです。こうやって、うそにうそがつながっていくのです。

「お前の言っていることはうそだろう」というのは子どもと対等になってしまっている人の言う言葉です。子どもと対等な立場に立っていては、教育もカウンセリングもできません。一歩引いて、子どもの言っていることがうそかほんとうかは括弧に入れて、その背景にある気持ちに焦点を置きながら聴いていきましょう。

そしてとりあえずは、うそかほんとうかにとらわれず、子どもの言うことをただ真に受けて聴いていく。うそかほんとうかに先生がとらわれているうちは、子どものほうも、うそがばれないように、表面的な話に終始しがちです。けれども先生が、うそかほんとうかにとらわれずに子どもの気持ちを受け止めながら聴いていくと、子どものほうもだんだん自分の話がうそかほんとうかにとらわれなくなって、気持ちをぽつりぽつりと話してくれるようになるものです。

15 子どものどんな問題の中にも、その子のもち味やよさ（リソース）を見つけてそこに目を向けていこう（ソリューション・フォーカスト・アプローチ）。

ソリューション・フォーカスト・アプローチ（Solution Focused Approach：SFA）は、学校カウンセリングの最強の技法の一つです。

生徒指導担当として長年取り組んでこられたある中学校の先生は、あるとき、力で押し通すタイプの生徒指導では限界があると思い始めました。そこでこの先生はカウンセリングの勉強をし始めたのですが、傾聴を勉強したら、「こんなまどろっこしいことは俺にはできねえ」と思いました。そこで、この先生が見つけたのがブリーフセラピー（短期療法）の一つであるソリューション・フォーカスト・アプローチでした。この方法では、子どもたちの問題の背景にもその子なりのよさ、もち味（リソース）が潜んでいると考えて、そこに積極的にかかわっていこうとするのです。

あるとき、中学校二年生の男子生徒が学校の窓ガラスを六枚割りました。

「K男、ちょっとこっち来い」。「先生、何ですか」。「聞きたいことがあるんだよ」。「先生、何ですか」。「どうして今日は六枚でやめちまったんだ」。「え!?……いや、そろそろやめておこうと思ったんですけど」。「顔を上げろ。お前、〝今日はそろそろやめておこう〟と思ったんだよな。それはな、お前、セルフコントロールっていうんだよ。自分で自分のことをコントロールする素晴らしい力なんだよ。だいたい六枚割ってやめるのは結構むずかしいんだ。お前よくやめることができた。お前はいい子だ」。そう言ってほめて帰したのです。

この子にとっても、窓ガラスを割ってほめられたなんて初めての経験です。

翌日、彼は先生を呼んで、「先生、俺が割ったガラスを見てくれよ。軽くひびが入っているのが六枚あったから、俺は六枚割ったんですよ」。先生「お前は観察力のあるいい子だ」。

この子は、多少の問題行動はその後も続けたようですが、学校には一切迷惑をかけない生徒に育っていったそうです。

16 アドラー心理学の勇気づけで、子どもを「信頼」した言葉かけをおこなっていくと、子どもは変わっていく。

多くの先生方は、問題をもった子どもを見たら、何とかしてこの子を変えていこうと思います。そのため「~するな」「~してはだめだ」「どうしてわからないんだ」とその子を否定し追い込んでしまいがちです。

しかしそれをくり返されると、子どもは「どうせ俺は先生からだめな人間だと思われているんだ」と思って自己肯定感が著しく下がってしまいます。そして、自己肯定感が下がった子どもは、意欲を失ってしまいます。

そういう「どうせ~系」の子どもに必要なのは、「あなたなら○○できると思っているよ」

アドラー心理学で「勇気づけ」

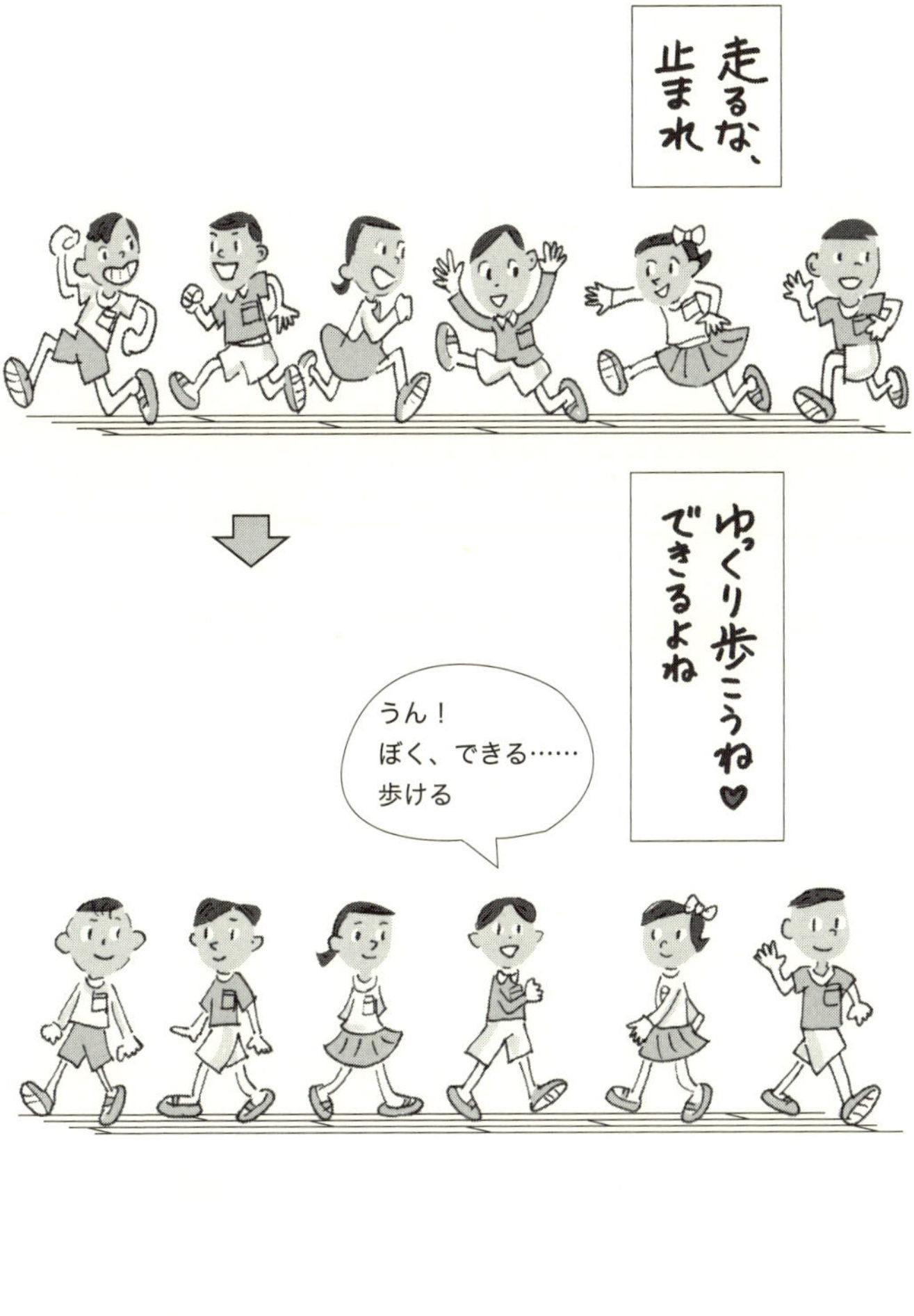
走るな、止まれ
ゆっくり歩こうね♥できるよね
うん！
ぼく、できる……
歩ける

という気持ちを込めた具体的な声かけです。

ある小学校で、授業中落ち着かない子どもたちがたくさんいました。原因の一つは、廊下が長いことでした。廊下が長いと子どもたちは走りたくなります。廊下を走るとテンションがアップするので、授業になっても、落ち着かない子どもが増えるのです。結果、学級が荒れていきました。

最初ある先生が廊下に「走るな、止まれ」という張り紙をしたら、余計走る子どもが増えました。走るなという言葉が子どもを刺激したのでしょう。

これをアドラー心理学の「勇気づけ」を勉強した先生が、「ゆっくり歩こうね♥　できるよね」という張り紙に変えたのです。そうしたらまるで催眠術にかかったかのように歩く子どもが増えたそうです。授業も落ち着いてきたようです。

こんなふうに「あなたはできる子だ」という信頼を前提にした言葉がけをしていくことを、アドラー心理学では「勇気づけ」といいます。

人間は、人から信頼された言葉をかけられると、それに応えようと思って前向きな方向に変わっていくものです。ぜひ、アドラー心理学の勇気づけを使って、子どもたちから前向きな気持ちを引き出していきましょう。

17　子どもにルールを守らせるのが苦手な先生は、〝勇気づけ〟で、ルールを守りたいという前向きな気持ちを育んでいこう。

とくに若い教師のなかに「子どもにすぐなめられてしまう」と思っている先生方が少なくありません。そして、ルールを守らせることができないと、学級はどんどん荒れていきます。

そういうときにありがちなのが、つい「あなたたち！　いったいどうして私の言うことをわかってくれないの！」と金切り声を上げてしまうことです。しかし、そうすると子どもたちは、「先生は私たちのことを、どうせだめな生徒だと思っている」と思って、よけいに反抗的になりがちです。

以前にこういうことがありました。経験二十五年目のベテラン教師がキレて「何度言ったら

子どもたちにルールを守らせる勇気づけのメッセージ

こんなひどいクラスは はじめてよ!
どうせ俺たちは 「札つき」扱いだ……
だったら期待に応えて とことん荒れてやろうじゃ ねえか
こういうクラスを つくっていきたいの
こういうルールを 守ることが必要 だと思うの
力を貸してくれると 先生はうれしいな
あなたたちなら できると思うの
子どもたちを信頼し、 期待する気持ち

わかるの!? 私は二十数年間、学級担任をやってきたけど、こんなひどいクラスははじめてよ」と言ったのです。そうしたら学級が荒れに荒れました。

荒れの中心だった子どもに私が「何でそこまでやるんだ?」と聞いたら「だってあの先生は、俺たちのことを、二十五年間やってきて最悪の生徒だと札つき扱いした人ですよ。だったら期待に応えてやろうじゃねえかと思ったんだよ」。この子どもの気持ちも少しわかる気がしませんか?

子どもたちになめられたと思ったときに、教師の自尊心が傷ついてかーっとなって金切り声で怒鳴りつける。こうなると、いいことは一つも起こりません。

そんなときは、まず深呼吸をして、気持ちを落ち着けること。

そして、あくまでも子どもたちへの信頼の気持ちを前提にして、「先生はこういうクラスをつくっていきたいの。そのためにはこういうルールを守ることがどうしても必要だと思うの。そのことに力を貸してくれると、先生としてはほんとうにうれしいんだ。あなたたちにはできると思う、私はそれを信じています」――そんなアドラー心理学の勇気づけのメッセージを送っていくことです。

それが「この先生にぜひ力を貸したい。この先生の気持ちに応えたいから、みんなでルールを守っていこう」という気持ちを育んでいくための最良の方法です。

18 「心の空間づくり」をすることで、子どもたちが心の整理をする時間をもとう。

フォーカシングの一部に、クリアリング・ア・スペース（心の空間づくり）という方法があります。

左記のプリントを一枚配って、先生が次のようにインストラクションをしていきます。

「みなさんの中にもいろいろと気になること、気がかりなことがあると思います。今日は自分のそういった気持ちを少し整理する時間をもちましょう。自分の心にこんなふうに問いかけてみましょう。何か気になることはないかな……。そして気がかりなことが浮かんできたら、その一つ一つをプリントの箱の中に書いていきましょう。例えばM君のこと、お母さんのこと、テストのこと……というふうに。

心の空間づくり

「気がかりなこと」を１つ１つ書いていきましょう。

勉強のこと	Ｕさんのこと	Ｍくんのこと
Ｓ先生のこと	お母さんのこと	テストの点のこと
塾のこと		

相談希望（　　）　相談したい先生の名前（　　　　　　　）
自分の名前（　　　　　　　）

そして、全部書いてしまったら、『気になることはもう全部、箱の中に置けた。もう気になることはなーんにもない』と言ってみましょう。誰か先生に相談をしてみたいと思ったら、相談希望のところに丸をつけて、相談したい先生の名前と自分の名前を書いてください」。

書いた紙はみなで同じボックスに、クラスの全員が入れていきます。相談希望がない子は無記名でかまいません。目立たない方法で援助希求をしてもらえる工夫の一つです。これをするだけで心がすーっと落ち着いてきたという子どもはたくさんいます。

全校放送で全クラス同時におこなうのもオススメです。

19 イライラしてきたときは、「イライラ虫が私についている」と考えてみよう。そして、「イライラ虫とどうつきあえばいいか」を考えよう。

これはソリューション・フォーカスト・アプローチの手法の一つで、「外在化」と呼ばれているものです。「外在化」とは、自分を困らせている心の問題が、自分の心の中にあるのではなく、「自分の外にある何かが自分にとりついて、それが自分をイライラさせている」「自分を困らせている」と考える方法です。

自分はイライラしたくないのに、「イライラ虫」が自分についてしまって、そうさせていると考えるのです。そうすることで「自分」と「イライラ虫」を切り離すことができます。

そのうえで、「自分は〝イライラ虫〟とどうつきあっていけばいいか」を考えるのです。

これは例えば発達障害をもつ子どもたちへの支援にも有効な方法です。発達障害をもつ子どもの中には、ほかの子からちょっとからかわれると、イライラしてきて、相手にパンチをしてしまう子がいます。そういうときにイライラ虫が出てきたら、すぐにそのことを合図するようにしようと約束しておきます。

「○○さん……お友だちにからかわれたりしたときに、イライラしてきて、『自分にイライラ虫がついちゃったな』と思ったら、先生に教えてくれるかな。例えばね、『小さいイライラ虫』がついて、もう少し我慢できそうなときは手で三角をつくって、先生に教えてね。『大きなイライラ虫』がついて、もうだめだというときには、バッテンですぐ先生に教えてね。そのときは、別の部屋にいっしょに行こうね。そこで深呼吸をしていると、自然とイライラ虫は出ていくよ」と発達障害をもった子どもと「イライラしてきたときの対処法」を話しあっておくのです。

発達障害をもった子どもでなくても、いきなりキレそうになる子どもや、怒りでいっぱいになる子どももいます。学級全体で自分の心のイライラ虫やカリカリ虫とどうつきあっていくかをワークシートに書いて、小グループで話しあわせる授業をするのも有効でしょう。

20 自己表現ワークシートを使って、いろいろなことで爆発しそうになっている気持ちを整理する時間をつくろう。

自己表現ワークシートを使って、自分の気持ちを整理する時間をもちましょう。自分の気持ちが自分でもよくわからなくなっているときに、『自己表現ワークシート』（諸富祥彦監、大竹直子著、図書文化）・『自己表現ワークシート２』（大竹直子著、図書文化）に書き込んでいくことで、気持ちが落ち着いていく子がたくさんいます。

とくに保健室登校や別室登校の子どもたちに用いると大変有効ですが、学級全体でワークシートに取り組むのもいいでしょう。

別室登校の子どもや保健室登校の子どもに使うと「書いているだけで気持ちが落ち着いてく

自己表現ワークシート

諸富祥彦監、大竹直子著『自己表現ワークシート』図書文化社、2005年

る」という子どももいます。とくに不登校傾向のある子や別室登校が長く続いている子どもの中には、「とにかく書くことが大好き」という子が少なくありません。

ワークシートをコピーして渡すだけで、一時間でも二時間でもずっと書いている子がいます。ひとり遊びをするかのようにして自分の心を整理していくために使う子もたくさんいます。「心にエネルギーが戻ってくる」と言う子もいます。

子どもたちにやってもらう前に、先生自身も自分の好きなワークシートを一枚コピーして書いてみましょう。書くだけで気持ちが落ち着いていくのを実感できる方もいるはずです。

21 学級経営や授業に生かせるグループアプローチには何があり、どこが違うかを知っておこう。

心理学の「グループアプローチ」の中には、構成的グループエンカウンター、ソーシャルスキルトレーニング、グループワークトレーニング、ピアサポートなど、学級経営や授業に生かせる方法がいろいろあります。いま自分が実践すべきなのはどの技法かを適切に選べるようになるためにも、それぞれのアプローチにはどのような特徴があり、何ができるようになって、どこが違うかを知っておくといいでしょう。

構成的グループエンカウンター（ＳＧＥ）はさまざまな心理学の手法を、「I am OK, and You

さまざまなグループアプローチとその違い

構成的グループエンカウンターの「いいとこさがし」

心がふれあう
体験による
人格形成

○○さんの
いいところは……
名前
いいところ

ソーシャルスキルトレーニングの「いっしょに遊ぼう！」

人間関係のスキル
と社会生活に必要
なスキルを学ぶ

いっしょに
遊ぼう
と誘う
いいよ

グループワークトレーニングの「ウォーリーを探せ」

ゲームの中で協
調していく力を、
ゲーム感覚で学ぶ

ゲーム性の
強いものが
よい

are OK」の哲学のもとに統合したグループアプローチです。いま日本における学校教育の現場で最も多く使われています。「自己決定」「自己選択」「人間的交流」という実存主義の色彩が濃厚で、人間形成の哲学をもっているのが特徴です。

ソーシャルスキルトレーニング（SST）は、文字どおり社会的なスキル、技能を学ぶことを目的としたトレーニングです。エンカウンターには、「人は、心と心のふれあいの中で、自分はどう生きるのかを選んでいく」という実存主義の哲学が背景にあります。一方、ソーシャルスキルトレーニングは技能の訓練であり、人間形成の哲学をもっていません。

グループワークトレーニングは、協力して何かをおこなうことによって協力心と協力のためのスキルを培っていくグループアプローチです。グループで一つの絵を描いたり（共同絵画）、グループで一つのジグソーパズルを作ったりします。学校行事の前などにおこなうと有効です。

ピアサポートは、例えば上級生にカウンセリングの基本的な手法や、コンフリクトマネジメントの手法を学んでもらって、下級生の相談に乗ったり、下級生同士がトラブルを起こして衝突しているときに、間に入って仲直りのお手伝いをしたりします。下級生は上級生を頼ることで、依存欲求や心の安定を手にすることができます。一方、下級生から頼られた上級生も、「俺、しっかりしなくちゃ」という思いがわいてきて急速な成長を遂げることがしばしばあります。

22 構成的グループエンカウンター

エンカウンター（構成的グループエンカウンター、SGE）とは、心ふれあう人間関係を体験することで、人格形成を促進することをめざしたアプローチです。実存的な心と心のふれあいの瞬間こそ、エンカウンターが最も大事にしているものです。國分康孝先生（日本教育カウンセラー協会会長）が開発しました。國分先生は、実存主義の哲学が濃厚であった一九六〇年代にアメリカでカウンセリング心理学を学ばれてきました。

カリフォルニアのエサレン研究所には、いまでも、世界中から「人生を変えたい人」が集まってきます。そこで最もカリスマ的な存在が、ゲシュタルト療法を開発したフレデリック・パールズでした。パールズのゲシュタルト療法を中心としながらカウンセリングのさまざまな技法を、実存主義の哲学をベースにして折衷しながら國分康孝先生がつくり上げていったのが構成的グループエンカウンターです。

構成的グループエンカウンター

○○さんの
がんばったことは
……だと思います
ありがとう
うれしいです
みんなで
あたたかい
拍手!!

最初は大学生や社会人の人間育成の方法として使われていましたが、國分先生の弟子たちが学校現場で使いやすいようにアレンジしていったものが、いま、学校現場で普及しているエンカウンターです。

エンカウンターの特徴は、実存的な哲学のベースがあること。その哲学を背景に、教師と生徒、生徒と生徒の心と心がふれあう人間関係の体験においてこそ、子どもたちが一生を生きていくうえで不可欠な心の糧を手にすることができると考えるところにあります。

学校で最もよく使われているエクササイズが、子どもどうしの「がんばりみつけ」「いいところ探し」です。

その後でシェアリング（体験のふり返りとわかちあい）をおこなうことが重要です。

23 ソーシャルスキルトレーニング

ソーシャルスキルトレーニングとは、子どもが社会生活を送っていくうえで必要なスキル（技能）を集中的にトレーニングしていく方法です。

最近、エンカウンターとソーシャルスキルトレーニングを組みあわせて使っている実践などが目立ちます。そのこと自体は悪くありませんが、両者はもともと「対極」と言っていいくらい、基盤の異なるアプローチであることは知っておく必要があります。

エンカウンターは心と心のふれあいの瞬間が、人生を生きていくうえで必要な心の糧を育んでいくのだという「実存的な哲学」に基づいています。一方ソーシャルスキルトレーニングには、明確な哲学はありません。むしろ何の哲学ももたないところがソーシャルスキルトレーニングの特徴です。目に見える観察可能な行動面にのみ焦点を当てて、プログラムを組んでいくのです。

エンカウンターは実存主義、ソーシャルスキルトレーニングは行動主義なので、根本的なところでは相反するものです。エンカウンターとソーシャルスキルトレーニングは、その表面的な部分にだけ注目して、技法レベルで両方を折衷することは可能かもしれません。しかし根本的なところではまったく異なる哲学をもつものであることを理解しておくことが必要です。

ソーシャルスキルトレーニングは、例えば「職場体験学習に行く前にあいさつの練習をする」とか、「電話の受け答えの練習をする」とか「友だちとうまく遊べない子が『入れて』と言って、友だちの輪に入る練習をする」「いっしょに遊ぼうよと友だちを誘う練習をする」。こうした人間関係のスキルのみに焦点を当てたトレーニング方法です。

また、もともとエンカウンターは成人や青年を対象とした人間育成の方法であったものが学校現場に普及していったものです。一方、ソーシャルスキルトレーニングは、重い精神疾患をもった入院患者さんが社会復帰するための訓練とか、刑務所や少年院で長い年月を過ごした人が社会復帰するためのトレーニングとしておこなわれていたものが学校教育に応用されるようになったものです。この根本的な背景や哲学の違いを理解しておく必要があります。

ソーシャルスキルトレーニング

24 アドラーのクラス会議

私が、ここ数年、全国のさまざまな学校にうかがっていて、「この方法は必ず効果がある！」「教師の力量の有無にあまり左右されず、この方法を毎日おこなっているだけで確実にクラスがよくなる」と最も強く実感できるのが、アドラーのクラス会議です。

「アドラーのクラス会議」では、毎朝、十五分の朝の時間に次の四つのことをおこないます。

① 机を片づけて、学級全員で丸くなり、一重の円をつくって座る。

② ぬいぐるみなどを隣の子に手で渡しながら「ありがとう回し」をする。

A君→B君「この前、消しゴムを拾ってくれてありがとう」

B君→A君「ありがとうと言ってくれて、ありがとう」

「隣に座ってくれてありがとう」でもOK。

これをクラス全員で一周します。できるだけパスはしないようにしますが、どうしても言葉

アドラーのクラス会議

「ありがとう」と言ってくれてありがとう
○○さん この前は消しゴムを拾ってくれてありがとう
クラス会議の「ありがとう回し」
（クラス全員で一重の円になる）

が出てこないときは、「パスあり」です。

③　議題について、自分のアイデアを全員、ひとことずつ語る。

議題箱を設けておいて、そこに「議題」を用紙に書いて入れておきます。例えば、「そうじのときに、さぼっている子がいます。どうしたらいいですか。岡崎カナ」というように、議題を出す子は自分の名前を書きますが、相手の名前（この場合、そうじをさぼっている子の名前）は書きません。

また、ぬいぐるみなどを回しながら、一人ひとこと、自分のアイデアを出していきます。パスありですが、二周回しにして、一周目にパスした子は二周目でアイデアを言えるようにします。

A君「『そうじをしなよ』と言います」
B君「担任の先生に言います」
C君「学校で一番こわい○○先生に言います」
D君「その場にいるみんなでその子を見て、『そうじをする。カニカニ！』とカニのポーズをみんなでとって言う」

④　議題を出した子が、どのアイデアを採用するか決めます。「二つのアイデアを合わせてこうします」という「合わせ技」もありです。そして「いいアイデアを出してくれて、ありがとう」と言います。

いかがでしょう。これなら、とくに研修を積まなくても、誰でもできる気がしませんか。実際、高知のある小学校では、クラス会議のこの四つを、毎朝くり返し続けていくだけで、かなり荒れていたクラスが収まっていきました。

私がいま、いちばんオススメの方法です。

学校で使えるグループアプローチ

25 グループワークトレーニング

グループワークトレーニングは、子どもたちに「協力する力」を育んでいくトレーニング方法です。

行事が集中するシーズンに、「うちのクラスはいまひとつ協調性が足りない。心配だ」と思ったときなどに、グループワークトレーニングをおこなった後で行事の準備に入るといいでしょう。

学校グループワークトレーニングは、文字どおり子どもたちに「グループの中で協調していく力」を育んでいくトレーニング方法です。

具体的には、「五人の子どもで集まって一つのパズル」を作っていったり、「共同絵画」といって、「みんなで沈黙したまま一枚の絵」を描いていったりすることによって、グループで協調するために必要な能力を、楽しく遊ぶようにしながら学んでいくことができるのです。グルー

グループワークトレーニング

プのメンバーで協力して「間違い探し」をするのもいいでしょう。

多くの先生方が言うには、グループワークトレーニングは、子どもたちにとってゲーム感覚でおこなうことができるので、何も準備がなくても、どんな学級でもすっと取り組みやすいよさがあります。

さまざまな行事が集中するシーズンがあります。合唱コンクールとか文化祭とか体育祭とか遠足とか……こういったさまざまな行事が集中する時期に入る前に、「どこかうちのクラスでは協調性が足りないな」と思ったときにおこなうと、効果を発揮するでしょう。

学校で使えるグループアプローチ

26 ピアサポート

日本には二つのピアサポートがあります。一つは、日本学校教育相談学会が中心になって進めてきたピアサポートです。これは例えば上級生がカウンセリングの方法などを学ぶことで、下級生の悩み相談にのったりして、サポートをしていく。あるいはカウンセリングのトレーニングを受けた高校生が中学校に行って中学生の悩み相談にのるといった方法です。

これをすると、下級生の方は甘え欲求、依存欲求が満たされます。いま、多くの子どもたちは、教師と二人きりになりたいという気持ちを抱えています。けれどもクラス担任として絶えず数十名の子どもたちを抱えている現状では、その気持ちに応えることはむずかしいです。

しかしピアサポートのトレーニングを受けた上級生が下級生をサポートすると、下級生は依存欲求が満たされていくし、一方、頼られた上級生の方も、頼られることによって著しく精神的な成長を果たします。

ピアサポート

そうか、
それは
つらかった
ね……
クラスの
友だちに
仲間はずれに
されちゃっ
たんです
けど……
中３男子生徒
中１男子生徒

こうやってサポートをする側もされる側も心が安定し、成長を遂げていくのがピアサポートの利点です。

もう一つのピアサポートは、国立教育政策研究所の滝充先生が紹介している日本独自のものです。例えば上級生（小学校五年生）全員と下級生（小学校二年生）全員が交じっていっしょにジグソーパズルを作るなどして、上級生が下級生のお世話活動をするのです。これにより、上級生もしっかりしてくるし、下級生の依存欲求も満たされます。

「上級生による下級生に対するお世話活動」をすることで学校全体を育てていこうとする点に、滝先生の提唱するピアサポートの特徴があります。

学校で使えるグループアプローチ

27 ピアメディエーション

ピアメディエーションとは、人間関係の調停（仲直り）の一定のトレーニングを積んだ子どもが、ほかの子ども同士が衝突したときにその間に入って仲直りのお手伝いをしていく方法です。

ここ数年、日本で目覚ましい発展を遂げています。いじめ予防などで大きな効果を発揮しそうな方法です。基本的には「傾聴をベースとした調停法（仲直りの方法）」を学んだ生徒が、いま、衝突している子どもたちの間に入って、両方の言い分を交互にていねいに聞いていきます。両方の子どもの本心をていねいに聞いて確かめていくことで調停していく方法です。例えば、A君はほんとうはB君と仲良くしたいんだけど、ついちょっかいを出してしまう。B君もほんとうは仲良くしたいんだけど、A君がちょっかいを出してくるからこっちもむきになってしまう。そういった本心を双方からていねいに聞き出すことで、「そうか、ほんとうは二人と

ピアメディエーション

ピアメディエーター
B
A
つい、からかってしまっただけなんだ……
そうなんだ
ほんとうは○○したかったんだね
ぼくだってほんとうは、仲よくしたいんだ……

も仲良くしたいというのが本心だったんだね」と調停をしていくのです。

子どもたちは、いじめられていても、担任の先生に報告したり親に相談したりするのはためらわれることがあります。ちょっとした人間関係のトラブルがあるときに、同級生や上級生がすっと入ってきて、二人の間を取りもってくれると、子どもたちも自然な形で仲直りの方法を学んでいくことができます。

これだと、「上から押しつけられた感覚」がありません。また、メディエーション（仲直りの仲介）をやってくれるのが同じ子どもであることで、「僕たちもしっかりしていかないと」という気持ちが育まれていきます。

いじめの兆候が表れている段階で、それを解決していくための効果的な方法として、これから急速に学校現場に広がっていくことでしょう。

28 モラルスキルトレーニング

モラルスキルトレーニングというのは、道徳の授業で三人一組のロールプレイをすべての子が体験することによって、道徳的実践力をその技能的な側面も含めて授業の中で身につけていく方法です。

クラスの子どもを思い浮かべてください。その子が電車に乗っているとしましょう。二駅たったところで、おじいさんが乗ってきて、自分の前に立っているとします。このとき、心の中で『おじいさんに席を代わってあげたいな』と思う子」はどれぐらいいるでしょうか。大半の子どもが席を代わってあげたいと思うと思います。

では実際に席を代わってあげる子どもはどれぐらいいるでしょうか。かなり少ないと思います。つまり日本の子どもたちは、道徳的な心情はあっても、恥ずかしさとか、周囲の視線が気になったりして行動ができないのです。

モラルスキルトレーニング

ぼく役
高校生役
おじいさん役
おじいさん、どうぞ
そうかい……どうもありがとう

モラルスキルトレーニングの資料の一例

ぼくは小学校五年生です。電車に乗っていたら、目の前におじいさんが立っていることに気がつきました。ぼくは「おじいさんに席を代わってあげたい」と思いながらも、恥ずかしさもあって立ち上がることができずにいました。そのとき、隣の席に座っていた高校生がすくっと立ち上がって、「おじいさん、どうぞ」とさわやかに席を譲りました。おじいさんも、「どうもありがとう」とうれしそうでした。ぼくはその後、「どうしてぼくはこの高校生のように席を代わってあげることができなかったんだろう」と自分を責めていました。

道徳の時間は道徳的心情を中心に育む時間で、道徳的実践をおこなわせるのは特別活動の時間だと一般には考えられています。しかしこのように区別するのは，紋切り型すぎて，柔軟性がありません。またこれでは道徳の時間はアカウンタビリティー（道徳の時間の効果についての説明責任）に十分に応えられません。

多くの指導主事は、例えばこんなふうに言っていると思います。「道徳の時間は心の種を育む時間です。十年後、二十年後を待ちましょう」と。けれども実際に十年後、二十年後に検証をした人はいません。それで上越教育大学の林泰成先生が考案したのがモラルスキルトレーニングです。

モラルスキルトレーニングで用いる資料の一例

小学校五年生の「ぼく」が電車に乗っていました。目の前におじいさんが立っていることに気がつきました。ぼくは「おじいさんに席を代わってあげたい」と思いながらも、恥ずかしさもあって立ち上がることができずにいました。そのとき、隣の席に座っていた高校生がすくっと立ち上がって、「おじいさん、どうぞ」とさわやかに席を譲りました。おじいさんも、「どうもありがとう」とうれしそうでした。ぼくはその後、「どうしてぼくはこの高校生のように席を代わってあげることができなかったんだろう」と自分を責めていました。

こういった資料を提示して、三人一組になって、「ぼく役」「高校生役」「おじいさん役」それぞれを三人全員体験できるようにロールプレイします。そして「どんな気持ちになったか」を話し合います。多くの子は「ぼく役」を体験すると、「悔しい気持ちだった。どうしてぼくはちゃんとできなかったんだろうという気持ちになった」と答えます。

クラス全体でいろいろな意見を出してもらいます。そして「どうすれば、いちばんいいのか」「何をすることができるか」を話しあいます（多くの場合、まず座ったまま、「席を代わりましょうか」とおじいさんに気持ちを確かめる質問をするという行動が選ばれます）。

この選ばれた行動をまた三人一組でロールプレイします。全員が「ぼく役」になって、おじいさん役に「もしよかったら代わりましょうか」と声をかけるところまで練習します。

ここまでやってはじめて、「実際に席を代わることができる能力」が育成されていくのです。

「道徳の時間に友情や思いやりの授業をやった直後にけんかをしています。道徳授業なんて意味がないんじゃないでしょうか」と言う先生がいます。こうした疑問に答えられる方法です。

学校で使えるグループアプローチ

29 アサーショントレーニング

アサーションとは、「自分も相手も大切にする表現方法」です。人間関係がむずかしくなる思春期（小五〜高二くらい）の時期にぜひおこないたいトレーニングです。例えばA県では、すべての県立高校で一年生全員を対象にアサーショントレーニングをしています。高校一年生くらいの人間関係、とくに女子の人間関係はとてもいびつになってしまいがちだからです。

例えば女子生徒同士の人間関係でも、非行傾向にある子どもに「ねえ、万引しようよ。万引しないと仲間に加えてやんないよ。あんたなんかもう私たちの仲間じゃないよ」と半ば脅されて、いやいや万引をしてしまうことがあります。あるいはいま、交際をしている男子生徒から、「俺のこと、好きならいいだろ」と言われて、ほんとうはまだしたくないのに、半ばデートレイプのように強引にエッチなことをされて心が傷ついてしまうことがあります。

アサーショントレーニング

いっしょに
万引きしようよ
A
あなたとは
仲良くしていたいんだけど、
私は人に迷惑をかけることは
したくないの。今回は仲間に
入れないわ、ごめんね
B

アサーショントレーニングをして、このような場面できっぱりと断ることができる力を身につけさせます。また、人にしてほしいことがあるときに、お願いできる力をつけていきます。

アサーショントレーニングでは人間関係には三つあると考えます。①非主張的な行動。②攻撃的な行動。相手に従って泣き寝入りする行動。ぶちキレてしまう行動。③自分も相手も大切にできるアサーティブな行動の三つです。

①非主張的な行動のように、相手のなすがままになるのでもなく、②ぶちキレて友だちとの関係を壊してしまうのでもなく、③相手の気持ちを大切にしながら、自分の気持ちもしっかり相手に伝えることができる、こういう人間関係をトレーニングしていくのが、アサーショントレーニングです。

30 エンカウンターを授業や特別活動に生かすための六つのポイント

私が構成的グループエンカウンターを最初に学んだのは、大学一年生のときの夏休み。八王子セミナーハウスで國分康孝先生が主催されていたインターカレッジ・人間関係ワークショップに参加したときのことでした。その後で数年間、國分先生のエンカウンターのスタッフをさせていただきました。

最初の参加は、もう三十二年くらい前のことですが、ハッキリ覚えています。あるとき、歩きながら、「國分先生、エンカウンターをするうえでいちばん大切なことは何でしょうか」とたずねたら、「一つはインストラクション。基本的な考えがしっかりしていて、明確でわかりやすいインストラクションをすること。これによって参加者のモチベーションを高めていくこと。もう一つは、エクササイズの流れと配置。この二点が最も大事だ」とおっしゃいました。

また、「諸富、エンカウンターは自己開示に始まり自己開示に終わるんだ」と言われたこともよく覚えています。

私は、エンカウンターを学校現場において授業や学級経営で使うときには、いくつかの工夫が必要だと思います。それは次の六つです。

①ねらいを明確に伝える。

②デモンストレーションを心を込めてノリノリでおこなう。

③エクササイズの雰囲気を大切にする。

④エクササイズを展開するインストラクションは「はい。では一番の席の人が話す番です。これから一分です。どうぞ」と、こまめに分けておこなう。こまめに仕切っていく。

⑤ふり返りのワークシートは、項目数を二〜三に絞り、書く欄をできるだけ小さくする。三行以内くらいでよい。

⑥シェアリングはグループシェアリングと全体シェアリングを、目的や時間の配分などによって細かく使い分ける。

この六つが、学校現場でエンカウンターを使うときのポイントです。

31　エンカウンターは、「ねらい」を明確に伝える。

エンカウンターの命は、リーダーがインストラクションをどのようにおこなうかにかかっています。どの授業にも「ねらい」があります。エンカウンターも教育活動としておこなうのですから、当然「ねらい」があります。これを最初に明確に伝えます。

一方、ソーシャルスキルトレーニングや、グループワークトレーニング、対人関係ゲームなどをおこなうときには、必ずしも、子どもたちに「ねらい」を最初に明確に伝えなくてもよいと言われます。「ねらい」を明確に意識させずにおこなってもOKなのです。これに対してエンカウンターは、このエクササイズで何を学んでほしいか、その「ねらい」を最初に明確かつ具体的に伝えていくことが重要です。

エンカウンターは「ねらい」を明確に！

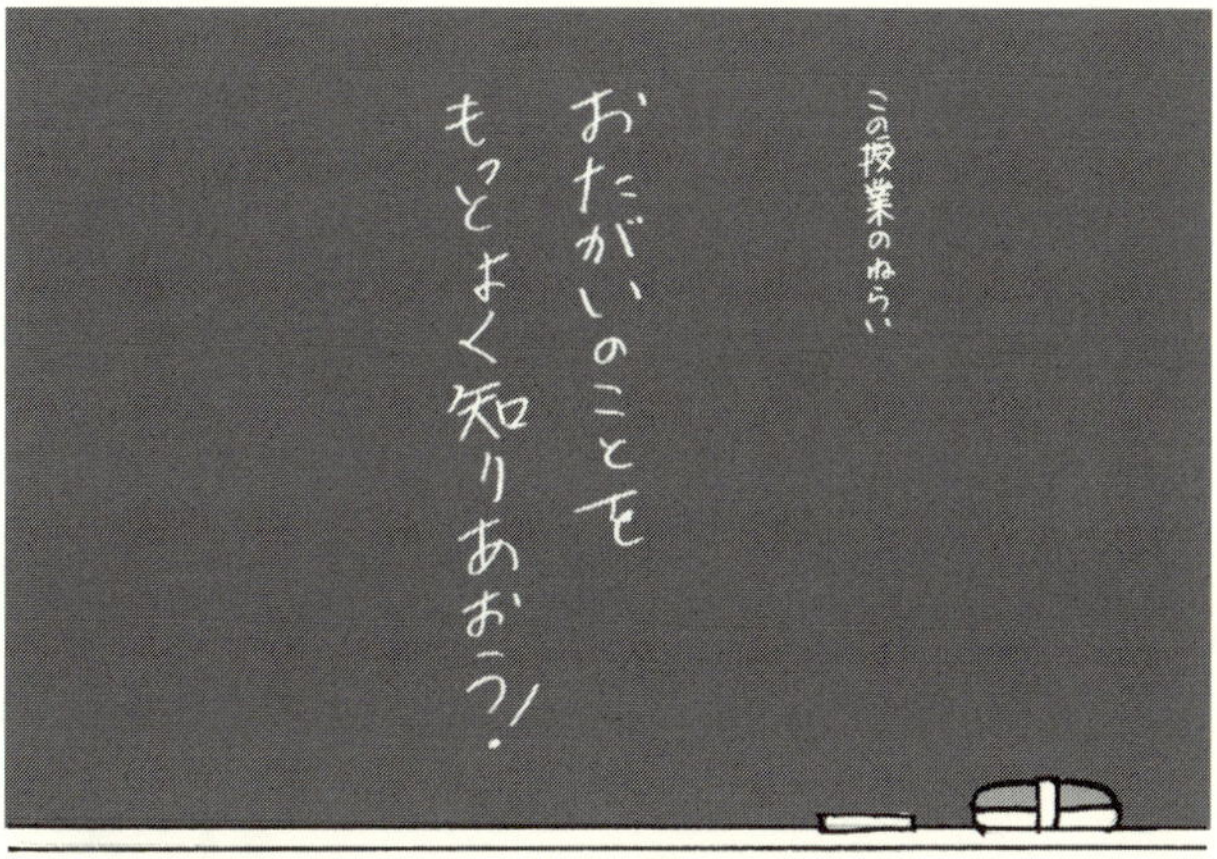

「ねらい」を伝えるのは、できるだけ短時間にわかりやすくおこなってください。インストラクションが冗長で、説明が長ければ長いほど失敗と考えていいと思います。

短時間でわかりやすく説明することです。

例えば、サイコロトークなどをするのであれば、「おたがいのことをもっとよく知りあおう」と板書をして、なぜいまもっとよく知りあってほしいのか、一分程度でわかりやすく語るのです。次から次へと言葉を足していくと、「いったい先生は何が言いたいんだろう」とわからなくなってしまいます。

インストラクションはできるだけ短く、わかりやすく、かつ具体的に。

「ねらい」を明確に伝えましょう。

32 一人一人の「番」が守られるよう、指示は細かく仕切っておこなうこと。

ときどきエンカウンターをこんなふうに始める先生がいます。「じゃあ、いまから五人で一グループになってください。そして一番の人から始めていって、五人全体で十五分です。ほかの人の意見にちゃんと耳を傾けるように」。このような指示を与えてしまうと、実際には十五分中十分以上も、一人の同じ子がしゃべっている。逆に話下手な子は、ひとことしかしゃべっていないということがエンカウンターの授業で結構あるのです。

これではエンカウンターの趣旨に反しています。「どんな子でも、口下手な子でも、〝自分の番〟が来れば、安心して話すことができる。私の話をみんなにちゃんと聞いてもらえる」という安心感がエンカウンターのよさだからです。一人ずつ、「番」を教師が明確に細かく仕切っ

エクササイズのルールを明確に示す

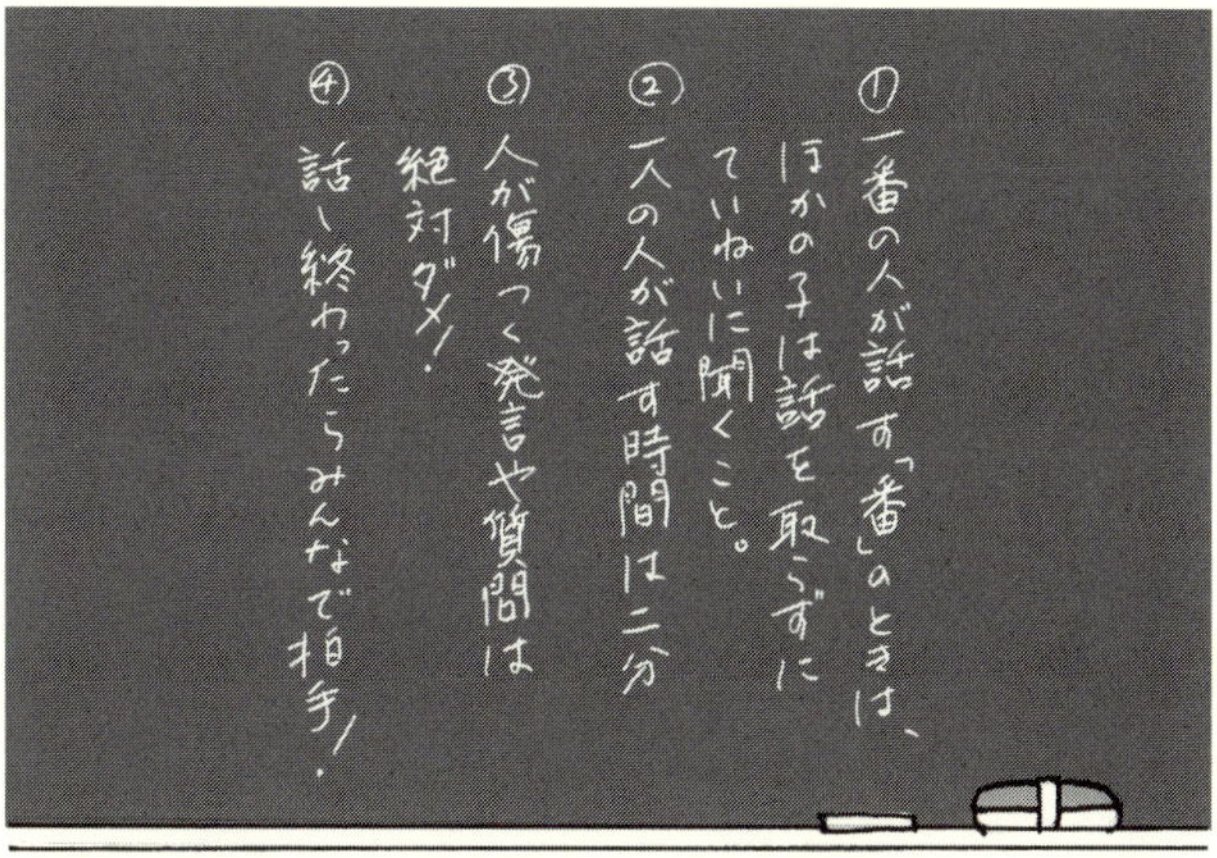
①一番の人が話す「番」のときは、
ほかの子は話を取らずに
ていねいに聞くこと。
②一人の人が話す時間は二分
③人が傷つく発言や質問は
絶対ダメ！
④話し終わったらみんなで拍手！

ていくことが大事です。「それではいまから一番の人、二分間ほど○○について語ってください。話し終わったら、ほかの人は質問をしていくように。悪口や人を傷つけることは言わないように。ではお願いします、どうぞ……」。二分たったら「はーい。そこまで。では次、二番の人お願いします、どうぞ」――こんなふうに仕切っていきます。このように教師が一人一人の「番」を細かく仕切っていくことを通して、安心してエクササイズができるようになっていきます。

普段の授業では話すことが苦手な引っこみ思案の子どもでも、エンカウンターでは「自分の番」が与えられていると、ほかの子に気兼ねすることなく、安心して自分の思いを語ることができます。そのためにも「番を守る」こと。教師が細かく仕切っていくことが大切です。

33 エンカウンターは「デモンストレーション（お手本）が勝負」である。

エンカウンターは「デモンストレーション（お手本）が勝負」です。事前に十分に練習した後に本気で、ノリノリでやっていくのが大切です。いろいろな先生のエンカウンターを見てきましたが、うまいか下手か、いちばん大きく差がつくのは、デモンストレーションです。デモンストレーション、つまりお手本をどれだけ心を込めて、「あ、こうすればいいんだ」とわかりやすくできるかが重要なのです。

下手な先生ほど、デモンストレーションが下手で（あるいはしなかったりして）、「〇〇して、〇〇して、〇〇してください」とくどくどと説明し続けます。話だけでは、子どもたちは「いったい何をどうしたらいいいか」全然わからなくなります。例えばエクササイズ「十年後の私」をエンカウンターはデモンストレーション（お手本）が勝負！

おこなうなら、先生自身が中学生のときにどうなっていたかったかを思い出して、「先生は中学生のとき、将来はアイドルタレントになりたいと思っていたんです。もしいま中学生だったら、オーディションを受けてみたいな」とノリノリで語ります。すると雰囲気が一気に和らぎます。

先生がお手本としてノリノリで自分のことを語ると、子どもたちも安心して気持ちを語ることができます。逆に、「いまからお手本をしますね。でもほんとうはこういう恥ずかしいの、やりたくないんだ、でも仕方がないからやるね」と渋々デモンストレーションをすると、エクササイズへの意欲は一気に下がってしまいます。

教師がどれだけ心を込めてノリノリでデモンストレーションをできるかに、エンカウンターをおこなうときの勝負がかかっています。

34 エンカウンターでは、キッチンタイマーではなく、ストップウオッチを使うこと。

エンカウンターを授業でおこなうときには、当然のことながら、指導略案を書きます。そこに生徒一人が語る時間の目安も記します。例えば、中学校二年生で「十年後の私」というエクササイズをするときに、一人二分ぐらい語ってもらう目安でいるとしましょう。

しかし実際にエンカウンターを始めてみると、一人で二分はとてももたなかったとします。話し終わった後、質問も出ず、沈黙が支配した重い空気が流れています。

こんなときは、その場でアドリブを利かせて、目安時間を四十秒くらいに変更する必要があります。しかしこのとき、キッチンタイマーを使っていると、それがしにくいのです。結果、キッチンタイマーに授業者が縛られてしまうことになります。

一人のもち時間が長すぎると、話すことが何もない子どもは、ただ固まってしまいます。

優秀な教師は、アドリブ上手です。とくにエンカウンターではアドリブがとりわけ重要です。時間は四十秒くらいがちょうどいいと思ったら、最初の目安にこだわることなく、さっと瞬時に時間の目安を変更して仕切っていくことが大切です。

つまり最初に二分と設定していても、様子を見て四十秒にしてもいいし、逆に三分に延ばしてもかまいません。これをアドリブで臨機応変にやってほしいのです。

指導略案に自分がコントロールされるのではなくて、そのときの子どもたちの様子次第で時間設定を変えていきましょう。そのためには、キッチンタイマーよりもストップウオッチを使うほうが便利です。

エンカウンターをするときは
キッチンタイマーではなく、ストップウオッチを！

学校で使えるグループアプローチ

35 仕切るときには「拍手！」がお勧め。

エンカウンターで先生方が時折苦労しているのが、エクササイズがすごく盛り上がっているとリーダーの声が届かなくなってしまうことです。

普通は、リーダーが「はい、そこまでー」と声をかけて進めていきます。しかし大声で怒鳴るようになってしまうと雰囲気が壊れます。ある教員はホイッスルで仕切っています。確実に音が聞こえるのはいいのですが、雰囲気が体育っぽくなりすぎます。また別の教員は、タンバリンで仕切っていました。これも悪くはありませんが、ちょっとお祭りっぽくなりすぎます。

では、どうするか。いちばんのお勧めは大きな〝拍手〟です。エンカウンターに限らず、授業展開がうまい先生、学級をあたたかい雰囲気に包むことがうまい先生は、よく〝拍手〟を使っエンカウンターの仕切りは大きな「拍手」で！

私が一学期、
がんばったのは
○○です
1番
パチパチ

ています。（当たり前のことですが、〝授業がうまい先生〟は、〝授業でするエンカウンター〟もうまいことが多いのです。エンカウンターをするとき問われるのは、基本的な授業スキルです。）

もう一つ、拍手のいい点は、エクササイズで子どもが自己開示するとき、「ほかの友だちにどう思われるかな」という不安を和らげる力をもつことです。大きな拍手をされることによって、話をした子どもは「変なふうに周りから思われていないか」を気にすることなく、安心できます。

また、拍手だとあまり大きな声を出さなくても次第に隣に伝わっていきやすいのも利点の一つです。「隣の人が拍手をしているから僕もしよう」という感じで自然と伝わっていくのです。

学校で使えるグループアプローチ

36 ふり返りのワークシートは記述欄を三行から五行以内に設定せよ。

ある会合で、「最近の教師は授業力が落ちているのではないか。やたらとワークシートに書かせているばかりだ」ということが話題になったことがありました。

これはエンカウンターを授業や学級で使う場合についても言えることです。ふり返りのワークシートが下手なのはとくに高校の先生です。せっかくエンカウンターでいい気分に浸っていたのに、ふり返りシートに二十問ぐらいあって、なんだか問題集をやらされているみたいな感覚になると、すべてが台無しになりかねません。

自由記述式のふり返りワークシートも、二十行も書けるようになっていることがあります。これでは、ダメです。「ふり返り」の時間ではなくて「とにかく書く時間」「マス目を埋めるための時間」になってしまいがちです。いまの子どもたちは、記入すべき用紙が配られると、「全部埋めないと」と思ってしまいがちです。ほんとうはじっくり考えていまのエクササイズでどんなことに気づくことができたのか、何を学べたのか、「じっくり体験をふり返るための時間」であるにもかかわらず、「ふり返り用紙を全部文字で埋めるための時間」になってしまいます。

そうならないようにするには、まず、①項目を二つくらいに絞ることです。

一つ目の項目は、「授業のねらい」に直結した項目がいいでしょう。例えば、「お友だちのいいところにたくさん目を向けることができたでしょうか」という項目です。二つ目の項目はもっと一般的に広く、「今日の授業を通して気づいたこと、学んだこと、これからやってみようと思うことにはどんなことがありますか」といった項目にします。

二つ目の留意点は、②ふり返りワークシートを作るときに、「記述欄を小さくしておいて、三行から五行しか書けないようにしておく」ことです。子どもたちは「三行しか書けない」と思ったら、「うーん、何書こうかな」と一生懸命考えます。書くための時間ではなく、「ふり返るための時間」になります。「ふり返ること」に多くのエネルギーを割いてもらうためには、書く欄を初めから三行から五行以内に（少し短すぎるぐらいに）設定しておくといいでしょう。

37 シェアリング(聴きあい活動)を授業に取り入れよう。お互いの話をていねいに「聴く力」がクラスに育つ。すると、どの子も安心して発言できるようになってくる。

エンカウンターが学校に導入されたいちばん大きな成果は、シェアリングという方法と発想が学校現場で普及したことだと思います。私はシェアリングのことを「聴きあい活動」と呼んでいます。自分の考えを言いあう「話しあい」ではなく、相手の思っていることや感じていることをていねいに聞いていく「聴きあい」――それがシェアリング(体験のわかちあい)です。

「聴きあい(シェアリング)」が学級に定着すると何が変わるか。人前で話すことが苦手な子、一斉授業でほとんど話せない子でも、シェアリング(聴きあい)の場面では、自分の話を安心して語ることができるようになります。それは、この場面では、「自分の話を最後まで聞いてもらえる」という「安心感」があるからです。また、ちゃんと話を聞いてもらえることで、クラスにおける自己存在感も高まっていきます。

シェアリング（聴きあい）の普及は、一つの〝革命〟と言ってもいいほどの新たな展開を学校の中に生み出したのです。

さて、シェアリング（聴きあい）をおこなうためには、ルールと具体的な手法を明確にしておく必要があります。多くの学級では、教室の前面に質問形式を模造紙に書いて「聴きあいの手引き」として貼ってあります。何を聞いていいかわからずにいた子も、「手引き」を見ながらだと、この形に当てはめながら質問をしていくことができます。発言力があまりない子も自分の発言をスルーされることなく、関心をもって聴いてもらえるようになるのです。

シェアリング（聴きあい）によって、どの子どもも安心して自分の考えや気持ちを言えて、受け止めてもらえる授業が可能になります。「シェアリング」を教科の授業に導入すると、一人一人の子どもが大切にされる授業を実現することができるのです。

聴きあいの手引き

聴きあいの手引き
・○○と言いましたが、もう少し教えてください。
・○○と言ったのは、○○○○という意味でしょうか。
・○○さんが○○と言ったのは、具体的にはどういうことでしょうか。
★相手が傷つくような質問はしない！

学校で使えるグループアプローチ

38 道徳の時間でエンカウンターを使うときは、「ねらいとする価値」を明確に意識しよう。

道徳の時間にエンカウンターをおこなう先生が増えています。授業が生き生きしてくるからです。そのとき大切なのは、道徳の時間の「ねらいとする価値」を明確に意識することです。

道徳の時間には道徳の時間の目的（ねらいとする価値）があります。エンカウンターはあくまでも、ねらいとする価値を実現するための「方法」として有効なわけです。目的と方法を混合しないようにしましょう。「ねらいとする価値」に子どもたちの意識を明確に焦点づけつつ、それに迫っていくための手法としてエクササイズをおこなうのです。

道徳の時間にエンカウンターを使う先生が増えているのは、読み物資料を使って主人公の気持ちについて発問をしていく従来型の道徳授業をワンパターンにくり返しているだけでは、子どもたちがなかなかのってこなくなったからです。小学校高学年や中学生の中には、資料を読んだ瞬間に、先生が何を言ってほしいかわかってしらけた気分になってしまう子も少なくありません。道徳授業を再生する一つの方法としてエンカウンターが使われているのです。

ただし「友だちのいいとこ探し」のような人間関係づくりのエクササイズをするだけでは、道徳の授業とは言えません。「ねらいとする価値に迫る」という道徳の目的からはずれたものになってしまうからです。読み物資料や心のノートを使いながら、「ねらいとする価値」について熱く語ってからエクササイズに入りましょう。そうすることで、子どもたちの意識を「ねらいとする価値」に方向づけることができます。

例えば「個性尊重」の授業をおこなうときは、読み物資料や「心のノート」などの簡単な資料を使うことで、「個性尊重の価値」に意識を向けたうえでその価値を体験的に実感を伴って学んでもらうための方法として「いいとこ探し」というエクササイズに進むのです。

「ねらいとする価値」を伝えたうえで、リアルに実感しながら価値に迫る方法として「いいとこ探し」のエクササイズをおこなう。この順序性さえ忘れなければ、エンカウンターは道徳授業を活性化する最良の方法の一つになりえます。

39 年に一度でいい、自分自身の魂が震えて止まらなくなる〝本気の授業〟をおこなうこと。それが教師の務めである。

私が先生方によくお願いしていることがあります。それは学期に一度でもいいし、年に一度でもいい。自分自身の魂が震えるような、〝本気で自分の生きざまをぶつけていく授業〟をやってほしいということです。

魂が震えるような道徳授業をやっている先生方の授業を見ると、多くは自作資料です。自分の人生を語った資料、自分の恩師のことを語った資料、親友のことを語った資料、事故で亡くなったお子さんのことを語った資料……そういう自作資料で授業をおこなう先生もいます。

大切なのは、先生が大事にしたい生きざまについて、自己開示をして語ることです。「エンカウンターは自己開示に始まり、自己開示に終わる」と國分康孝先生は言っています。私はエンカウンターだけでなく、「魂のこもった授業は自己開示に始まり、自己開示に終わる」と思います。資料をつくるときにほんとうに伝えたい事実を魂を込めて作ってほしいと思います。多少むずかしい資料になっても、かまいません。心を込めて、本気で伝えていってほしいのです。場合によっては三十分間、ひたすら語り続けるだけの授業でもかまいません。何の小細工もしない。ただ教師が心を込めて語るだけでいいでしょう。

子どもたちには、「何か今日の先生は違う」「いつもと違う。ほんとうに大事なことを本気で伝えてくれている」ということが伝わると思います。概念的な知識次元の伝達ではなく、子どもたちの心の奥深いところ、魂がほんとうに揺さぶられるような授業ができると思います。

ある道徳の授業は、発達段階からすると、これはちょっとむずかしすぎるのではという内容でした。けれども授業記録を読むと、先生の本気度が伝わってきます。子どもたちの感想文を見ても、その先生が本気で何かを伝えようとしたことがわかります。

私はこの授業記録を見て、あらためて思いました。〝ほんとうに伝えたいこと〟を魂を込めて語るならば、それは、概念的な枠組みを超えて、魂から魂へとダイレクトに伝わって、子どもたちの心を打ち震わせるのだ、と。

40 一人十分でもいい。定期教育相談は、悩みがある子だけでなく、すべての子どもを対象にせよ。

定期教育相談（教育相談週間）の目的は、「問題解決」ではなく、「予防」です。そのためにどの学校でも五月、六月ごろに設定されているのです。つまり、いま悩んでいる問題を解決するというより、いまのところ何の悩みもない子たちも、これからさまざまな問題に直面することになることを見通して〝いざというとき悩みを相談できる人間関係〟を、すべての子どもと教師の間につくっておくことが目的なのです。

「あなたはいま悩みがありますか。誰に相談したいですか」という型どおりのアンケートを取って、そういう子どもたちだけに教育相談をやっている学校がありますが、これは定期教育相談の本来の目的を理解していないのです。

いま悩みがあろうとなかろうと、すべての子どもを対象に、一人十分、よもやま話でもいい――アイドルの話でも、テレビ番組の話でもいいので、――自分が選んだ先生と〝二人きり〟で話をする。

この〝先生と二人きりで話をした〟という経験が、「もう学校へ行きたくない」とか、「俺は勉強が全然わからない」とか、「実は家族でこういうことがあった」とか、そういった悩みが生まれたときに、「いざとなったら、この先生になら相談できるという関係」を教師との間につくっておくことに役立ちます。

これが定期教育相談の本来の目的なのです。

「すべての子どもを対象に、予防的な目的でおこなうのが定期教育相談である」ということを、教育相談部会を中心に全教員で確認しましょう。

「すべての教員ですべての子どもを対象におこなう定期教育相談」を、できれば年に二回はおこなってほしいものです。これが、ひいては不登校やいじめ問題の解決などにも、大きく功を奏するのです。

41 小五から高一くらいの子は、深い悩みは担任には相談できない。子どもが選んだ担任以外の先生と〝相談できる関係〟をつくっておこう。

こういう調査結果があります。私が千葉大学にいたときに長期研修に来た今井英弥先生の研究です。勉強の悩み、進路の悩み、家族の悩み、友達関係の悩み、いじめの悩み等に関して、それぞれの項目について「誰になら相談できますか」「誰には相談したくないですか。できませんか」をたずねる質問紙調査をおこなったのです。その結果、「勉強や進路の悩み」に関しては、思春期の子どもたちは、「学級担任に相談したい」という子が圧倒的に多い。けれども、「友達関係の悩み」「いじめの悩み」「家族の悩み」等、パーソナル（個人的）な悩みについては、

「いちばん相談したくない先生」のダントツトップが学級担任だったのです。

なんだか、わかる気がしませんか？　学級担任を中心にした教育相談体制というのは大きな無理があるのです。早い子だと小学校四年生くらいから、遅い子でも六年生から思春期に入ります。

担任にいちばん相談できないと思っている思春期の子どもたちに、「何でも担任の先生に相談しなさい」と言うのは、「いちばん相談したくない先生に相談しなさい」と言っているようなものです。小学校の教育相談の大きな壁はここにあります。

小学校は学級担任中心主義を打破していかないと、教育相談の未来はないと断言していいと思います。中学、高校でも「何かあったら学級担任が」という考えが、先生方の間にも、保護者の側にも根強いです。この文化を変えていくためにも、一人の子どもの悩みに（とくに深い個人的な悩みであればあるほど）、その子と関係のいい担任以外の先生がかかわっていく習慣をつけていきましょう。

学年の先生でなくてもいい。養護教諭でなくてもいい。その子どもが「いちばん関係をもちやすい」と感じている先生が、その子とどんどんかかわっていける教育相談のシステムをつくることが、いまの教育相談の限界を乗り越えるためには必要です。

42 子どもが自分が選んだ先生と二人きりで十分間面接。そんな定期教育相談で〝心の第二担任制〟を実現していこう。

先に「担任中心主義を乗り越えていかないと、これからの学校教育相談に未来はない」と言いました。ではどうすればいいのか。

定期教育相談を〝心の第二担任制〟とも言うべき方法でおこなうのが私の一番のお勧めです。校長先生から養護教諭、担任、副担任、教科の先生を含めて、すべての先生の名前を書いた紙を子どもたちに配りましょう。この中から、「この先生と二人きりで一回、話してみたい」と思う先生三人に丸をつけてもらい、そのうちの一人と十分間、よもやま話をするのです。テレビの話や、アイドルタレントの話でいいのです。これをすることで〝先生と二人きりで

「心の第二担任制」による定期教育相談

今度、先生と２人でいろんなことを話しましょう。話したい先生はどの先生ですか。３人選んで○をつけてください。	
	名前＿＿＿＿＿＿＿＿
校長先生　　（　）	○○○○先生（　）
○○○○先生（　）	○○○○先生（　）
○○○○先生（　）	○○○○先生（　）
○○○○先生（　）	○○○○先生（　）
○○○○先生（　）	○○○○先生（　）
○○○○先生（　）	だれでもいい（　）

話した〝という〝関係〝をつくっておくことで、何か悩みができたときに相談できる関係を前もってつくっておくことができるのです。

選ばれた先生は、〝自分はこの子のこころの第二担任なんだ〝という意識をもって普段から声かけをしていくなどしていきましょう。

何か危機が訪れたときに、「いざとなったらいつでも相談できますよ」という関係をつくっておくことが、定期教育相談の本来の目的です。

多くの小学校で一番人気は校長先生です。中学校や高校では、養護教諭の先生です。

最後の項目は「誰でもいい」にしておきましょう。ここで調整すれば、先生方が均等に担当することができます。

教育相談週間とアンケートと個別面接

43 月に一回五分程度でできる簡単なアンケートで、子どものSOSのサインを受け取ろう。

クラスの子どもの実態を調べる標準化されたテストを年に二回ぐらいおこなっている学校が多いようです。しかしながら、いじめのターゲットは、二週間程度の間隔でころころ変わっていきます。年間二回の調査では、いじめられている子からSOSのサインを受け取るには不十分です。もっと簡単にSOSを出してもらいやすい簡単なアンケート（SOSシート）をおこないましょう。

「ときどき勉強がわからなくなることがある」「学校に行きたくないなと思うことがある」「あんまり友だちがいないんじゃないかと思うことがある」「ときどきいじられたり、からかわれ

SOSシート

アンケート　　　　　　　　　　　　　名前＿＿＿＿＿＿

1　夜、眠れないことがある（　）
2　ときどき、お腹が痛くなったり、頭が痛くなったりする（　）
3　ときどき気分が重たくて、元気が出ないことがある（　）
4　学校に行きたくないなと思うことがある（　）
5　あんまり友だちがいないんじゃないかと思うことがある（　）
6　私はときどきいじられたり、からかわれたり、もしかすると、いじめられたりしているかもしれないと思うことがある（　）
7　先生は私のことをわかってくれていない（　）

たり、いじめられたりしているかもと思うことがある」といった、少し遠回しな言葉でアンケートを作ります。最後の項目は「先生は私のことをわかってくれていない」です。これなら五分程度でできるので、月一回おこなうのも無理はありません。

思春期に入ると、担任の先生や両親に本心を話せない子どもが増えます。だからこそ、ＳＯＳを発する機会を定期的に与えていくだけで意味があります。自分から「先生、僕はいじめられているんです」と言うのはすごく勇気が必要です。けれど丸をつけて出すだけなら多くの子どもに可能です。

「先生は私のことをわかってくれていない」に丸をつけた子には面接をしましょう。先生といい関係になりたいけどそうできずに困っているというメッセージです。

44 個別面接は子どもや保護者の安心感を保つために、時間と場所の枠を設けよう。

プロのおこなうカウンセリングは、今日はここのファミリーレストランで、来週はあそこのカフェで、というように、いろいろな場所でお会いすることはしません。「今度来たくなったらいつでも来ていいよ」というやり方もしません。「基本は週に一回、木曜日の三時から三時五十分まで。カウンセリングルームに週一回いらしてください」となります。

「時間と場所の枠に守られること」が、カウンセリングの効果を大きくします。ちょっと見える景色が違う面接室を使っただけでも、「先生、今日はちょっと気持ちが入っていきません」となる方もいます。

しかも、例えば「三時から三時五十分まで」と予約したら、カウンセリングは一分たりとも延長はしません。三時五十分にきちんとやめます。遅刻してきた人も同じで、三時五十分にやめます。「遅刻」もその人の気持ちの表現として受け止めていくのです。

先生方が会っているお子さんや保護者の方にこういう本格的なカウンセリングが必要だと思われたら、地域の教育センターや大学の心理臨床センターに紹介するのもいいでしょう。あるいは、地域の中学校にいるスクールカウンセラーに予約して「個別の時間枠」をつくってもらってください。学校の教師自身が、「時間と場所の枠」が明確に設けられたカウンセリングをおこなうことはむずかしいです。

ただ「時間と場所の枠」の大切さという考えを、教育相談に生かしていくことはできます。子どもがふと、深刻な相談を打ち明けてくれたときは、細心の注意を払って、「誰からも見られない場所」を確保して、「その時間はその子のためだけに設ける」ことが大切です。途中で誰かが入ってくることはないようにしましょう。こうして、「守られた時間と空間」をつくることが、教師がおこなう教育相談でも大きな意味をもちます。

教師も、生徒や保護者の深刻な悩みを聞くときには、プロのカウンセラーがやっているのにできるだけ近い「時間と場所の枠」を設定してください。

45 いじめは、いじめられた子どもの人生に、取り返しがつかないほどの決定的な傷（トラウマ）を残す。いじめ対応の中心は、被害者を徹底的に保護することである。

私は大学生の学生相談室のカウンセラーを十一年ほど非常勤でやったことがあります。そのときに何人か、「もう先生、死んでしまおうと思います」と語ったり、実際に自殺未遂をした学生たちの話を聴きました。そういう学生の話を聞いていると、二回目か三回目の面接で、必ずと言っていいほど小学校か中学校のときの、いじめの体験が語られます。

ある学生はこう言いました。「中学生のときにいじめられました。そのときから僕という人間は、この世に存在する価値がない人間になってしまいました。自分なんて、友だちをつくる価値もない。そう思うようになってから、僕は友だちを一人もつくることができません」。こうやってこの子は、いまでも自殺したいという気持ちを抱えていることを話してくれたのです。

中学生のときにいじめに遭ったからといって、いじめ自殺を中学生のときにするとは限りません。中学生のときのいじめで被った心の傷のために、大学生になって死のうとする人もいます。中学のときのいじめのダメージで人間不信に陥って、社会生活をする可能性を絶たれてしまい四十歳まで引きこもってしまう人もいます。

いじめのダメージは、その十年後、二十年後に、その人を自殺に追いやるほど大きなものがあります。

いじめの問題といえば、学級で起きた問題をどう解決していくか、「解決」の方向に意識が向かう先生が多すぎると私は思います。

なぜいじめが深刻な問題なのかというと、いじめられた子どもの人生を大きく変えてしまうほどの決定的なダメージを与えてしまうからです。そして、いじめられた子にとって、いじめによって受けた心の傷（トラウマ）の問題は、十年たっても「解決」はしないのです。

いじめ対応においては、徹頭徹尾「いじめられた子どもの心を守ること」「いじめ被害者の保護を徹底すること」が何よりも大事だと私は思います。

いじめ

46 いじめられている子に、教師や親が絶対に言ってはいけない三つの言葉。「あなたにも悪いところがあるでしょう」。「あなたが気にしなければすむ話でしょう」。「あなたがもっと強くなればいいのよ」。

この三つの言葉を口にした途端、子どもが二度と心を開いてくれることはなくなってしまうでしょう。しかし実際には、こんな言葉を口にする親や先生が多いのです。

「それは、ちょっとあなたの気にしすぎじゃない？　そんなの、あなたが気にしなければいいことじゃない」「その程度で学校に行きたくないとか、死にたくなるなんて、あなたは弱すぎるわよ。社会に出たらもっと厳しいことが待ち受けているのよ。もっと強くならなきゃ」。

極めつけが「あなたにも悪いところがあるでしょう」という言葉です。たしかにその子にも落ち度はあったかもしれません。例えば体育祭の大縄跳びの練習をしていて、二年一組と三組はもう八回跳べているのに、二年二組だけ一回も跳べていません。猛練習の成果があってようやく一回跳べたのです。みんなが「やった、やった」と喜んでいるときに、その子が、「何で喜んでんの？　一組も三組も八回跳べているんだよ。一回跳べたぐらいで何でうれしいの？　全然わかんねえ」と言ったのです。

その子はほかの子から、「何よさっきの言葉は。せっかくみんなで喜んだのに」と、ターゲットにされ始めました。こういう場面を目にした多くの先生は「でもね、〇〇ちゃん、あなたがあんなこと言ったから悪いんでしょう。あなたにも悪いところがあるでしょう。まずそこを直さなきゃ」と、指導に入ってしまいます。

けれども、いじめられた子の気持ちは、いじめられた辛さでいっぱいで、指導の言葉は入っていきません。そもそも「悪いところがない人間」なんているでしょうか。私自身も悪いところは山ほどあります。だからといって、いじめられていい理由にはなりません。

いじめを打ち明けてくれたら、とにかく「よく言ってくれたね、ありがとうね、勇気があったね、言ってくれてありがとう」とねぎらいましょう。そして、「先生とお母さん、お父さん、みんなで協力して絶対にあなたのことを守るからね」と宣言をしましょう。

いじめ

47 いじめの学級指導をするときは、必ず本人と保護者に了解を取ろう。

いじめられた子ども本人の意思を尊重することが、いじめ対応について最も大事な点です。これは私がカウンセリングをしていて、子どもや保護者から教えてもらったことです。

いじめられた子が欠席しているときに、担任の先生が「なぜあの子をいじめたのか、その理由を紙に書きなさい」と指示し、話しあいをしたのです。どうなるかは、火を見るより明らか。「もうあの子はいじめてもいいいんだ」という雰囲気になって、その子が再登校したら、徹底的にやられたのです。本人も保護者も無神経な担任に烈火のごとく怒りました。当然です。

いじめが原因で不登校になり、転校をせざるをえなくなってしまう子もいます。保護者が泣きながら言います。「いじめたあの三人がのうのうと学校に来ているのに、なぜ何もしていないうちの子が転校しなきゃいけないんだ」と。

ほんとうにそうだと思います。私もスクールカウンセラーという学校のスタッフの一員ですから、そのときはほんとうに申し訳ない気持ちになり、土下座して謝ったことが何回かあります。いじめられた子どもは大きなダメージを負っています。教師が「いじめられた子どもを守る」という点から離れてしまって、すぐ学級指導をしはじめると、このような悲劇が起きるのです。

いじめた子といじめられた子どもの両方を呼んで、「おい、お前、いじめているらしいじゃないか。お前、謝れ。○○もな、いじめられたからといってそこで落ち込んでないで。じゃあ、二人とも仲直り。はい、握手して」と言ってそれで終わりという指導をする先生もいまだにいます。その後でいじめた子がいじめられた子を呼んで、「お前、先生にチクりやがって」となり、いじめがエスカレートするのはよくあることです。

私立学校の中には、いじめが発覚したら、その日のうちにいじめている子とその保護者を呼んで「その場で退学」という、厳しい措置をしている学校もあります。私は賛成です。公立でも、いじめた子はばらばらの学校に転校させるというぐらいの方針を文部科学省が打ち出すべきだと思います。けれども残念ながら現状はほど遠い。せめて学校のスタッフ全員が「いじめられた子どもを全スタッフが力を結集して守っていく」姿勢を打ち出すべきだと思います。

いじめ

48 学年の教師全員で、〝本気〟のいじめのロールプレイをする。

「いじめは絶対に許さない」という〝教師の本気〟が伝わることが、いじめ指導において何よりも重要なことです。〝教師の本気〟が伝わらないかぎり、いじめが収まることはありません。

いじめ指導においては、教師がいじめについてどんな姿勢でいるかが、子どもたちに言外に伝わってしまいます。これがいじめ問題が助長されるか、それともだんだん抑止されていくかの大きな分かれ道になります。

たとえば、授業中にある子どもが間違った発言をしたとしましょう。そういうときにほかの子が、「おまえ何言っているんだよ、てめえ。ばっかじゃねえ」などと言ったとしましょう。そのときに先生が、「おい、お前ら何言ってんだ！　じゃあ、次いくぞ」と軽くいなしたとしましょう。この瞬間に子どもたちは、すべてを理解します。

「この先生は、腹の中ではいじめはある程度仕方ないと思っている」ということが、一瞬にして伝わってしまうのです。すると、これをきっかけにどんどんいじめが助長されていきます。つまり、授業場面で、ちょっとしたいじりやからかいの場面が見えたとき、教師が、「何やっているんだ、こら」などと言いながら、授業をストップしての指導はせずに流してしまうと、子どもたちには「この教師はいじめを容認した」と受け取られてしまうのです。

こんなちょっとしたことがきっかけとなって、いじり、からかいが増殖していって、ついにはいじめに発展してしまいます。いじめが増殖した原因は、実は授業中のちょっとした子どもたちのからかい発言に対する、教師のぬるいリアクションにあるのです。

自分の態度が、いじめを許容してしまっていないか、まず教師は自分のことを見つめるべきです。そして、学校全体でぜひ本気で教師同士の話しあいをしてほしいと思います。そして、「いじめは絶対に許さない」という方針を定めたら、そのことを学校全体で、あるいは学年全体で伝えていってほしいと思います。

「君を守り隊」という、ある中学校のすぐれた実践がありました。これが成功するうえで何が大きかったかというと、校長がリードして、本気でいじめを止めたいと思っている子どもたちに〝君を守り隊〟に入ることを呼びかけたこと、入隊のハードルを高く設定したことです。

学年集会での、教師集団全員による「本気」のいじめのロールプレイ

子どもが保護者に入隊の意思を伝えてサインと捺印をしてもらって初めて「君を守り隊」というじめ防止チームに入ることが許される方針を採ったのです。

この〝校長先生の本気〟が、この学校をほんとうにいじめのない学校にするきっかけとなりました。

別のすぐれた実践では、学年集会を開き、生徒の前で、学年の全教員によるいじめのロールプレイをおこないました。「いじめる子役」「いじめられる子役」「はやしたてる観客役」「傍観者役」の四つの役に分かれて、かなり本気でいじめの場面のロールプレイをおこなったのです。

大事なことはそこで〝本気で〟ロールプレイをするということです。

教師が本気でいじめのロールプレイをするこ

とが大切です。いじめられている役の先生は、あくまでもロールプレイだということがわかっていても、つらくて思わず涙がこぼれて仕方ありませんでした。これぐらいど迫力で〝教師の本気〟を伝えることをやっていかないと、いじめというのは絶対になくなりません。

大学の授業でかつて、教師志望の学生に聞いたことがあります。「君はいじめがなくなると思うか、なくならないと思うか。本音で書いていいぞ」と言ったら、ほとんどの学生が「なくなることはない」と答えました。

ある学生はこう書いていました。「人をいじめることほど、人生で楽しい快楽はありません。いじめられて困っている人間の姿を見ることほど、面白い快楽はこの世にありません。だから、いじめは永遠になくならないと思います」と。

私は打ちのめされると同時に、いじめという問題の根の根深さを肌で感じました。いじめへの志向性は本能に近いものがあります。

いじめと対決するためには、子どもたちの鳥肌が立ち、震え上がるぐらいの教師の〝本気度〟が求められます。

教師集団が一体となり、〝本気で〟立ち向かうこと。これしか、いじめを防止する手立てはないのです。

いじめ

49 トイレの前に男子生徒四人が妙な雰囲気でいる——こんな場面では、ターゲットになりそうな子をその場で別の場所に連れていく。

いじめがおこなわれやすい場所の一つは、学校の外では、校門から二百メートルから三百メートル歩いたあたりの、人目につきにくいところです。下校中に恐喝やリンチまがいのことが、おこなわれることがあります。これは教師だけでは対応できないので、保護者の方や地域の方にも協力してもらい、下校時間中にそのあたりをパトロールしてもらうといいと思います。

また、地域のボランティアの方に警備員の服を着てもらって、学校の中を巡回してもらうのも一案です。警備服を着た人が校内を歩いているだけでも抑止力になります。

学校の中でいじめが起きやすいのが、トイレです。私がとても悔しく思うのは、こんな事例があることです。放課後、トイレの前に四人の中二男子がいたとしましょう。そのうち三人はいつも連れ立っている仲間です。そして一人が、いつもはチームに入っていないはずの子です。これからいじめが起きるかもしれないという予感がしませんか。

教員研修では私は「こういう場面に出くわしたら、みなさんはどうされますか」とたずねます。残念なことに、多くの先生が「声かけ」で終わるのです。これではまったく効果がありません。過去のいじめの事例でも、せっかく教師がその場にいたのに「お前ら、もう遅いぞ、早く帰れよ。Y男、お前こいつらの仲間だったっけ？　仲良くやれよ。帰りも気をつけろよ」などの声かけだけで終わって、その直後にリンチがおこなわれたことがあるのです。

リンチの現場にせっかく教師が立ち会っていたのに、声かけだけで立ち去っている。これでは無能だとしか言えないでしょう。

現場にいるのですから実力行使しかありません。おそらくこの子がターゲットになるだろうと目星がついたら、その子の手をがっとつかんで、別の場所に連れていく。そして、事情聴取をする。またその後「お前チクってないだろうな」とターゲットにされる可能性が高いので、十日間ぐらいは、登下校の時間も含めてその子を完全ガードすること。これぐらい徹底しないと、いじめから子どもを守ることはできません。

不登校（短期対応）

50 不登校対応は、休み始めて〝最初の三日〟が勝負。三日休んだところで、欠席理由に関係なく家庭訪問をしよう。

不登校は、その「きっかけ」と「原因」を分けて考える必要があります。不登校の「きっかけ」は先生から厳しく言われたことかもしれないし、友だちからからかわれたことかもしれません。それがきっかけで、子どもが学校を休み始めます。朝から晩までゲームばかりしています。そうした生活を十日、二十日と続けていると、次第に「体が家にいることになじんでしまい」ます。身体が学校に行かない生活になじんでしまいます。これが不登校の原因です。

三日欠席だったのが一週間、十日、二週間、一カ月となっていくにつれて、子どもの体が家にいることに慣れてしまいます。不登校体質に身体感覚が変容してしまうのです。

不登校対応で何が大事か。それは、ストレートに言うと、〝三日以上休ませないこと〟です。「最初のきっかけ」が何であったかは、あまり重要ではありません。長く休むこと自体が身体感覚の変容をもたらし、不登校の長期化につながっていくのです。

とにかく〝三日以上休ませない〟こと。〝三日休んでも五日以上は休ませない〟こと。少しでも最初の連続した欠席日数を減らすことが、初期の不登校対応の最大のポイントです。

栃木県鹿沼市の教育委員会のスタッフは、まず小学校の不登校に目をつけました。小学生は、学校に行きたくないという気持ちを言語化できず、多くの場合、身体症状として現れます。頭痛、腹痛、発熱が三大症状です。これは仮病ではありません。ほんとうに頭が痛くなるし、おなかが痛くなるし、熱も出るのです。

「熱」が出ていて、「頭が痛い」となったら普通、病欠にカウントされるでしょう。すると欠席が三日になり、一週間になっても放置してしまいがちです。けれども、実はその身体症状は、「学校に行きたくないという気持ちの一つの表現」なのです。

三日休んだら、理由に関係なく、その子と折りあいのいいスタッフが家庭訪問することです。鹿沼市の教育委員会では、小学生が三日休むと理由に関係なく教育相談のスタッフが家庭訪問しました。すると数年のうちに小学校の不登校が四割減になったのです。

中学校の不登校減にもつながる大きな成果です。ぜひ、鹿沼市の例に学びましょう。

不登校（中期対応）

51　一カ月以上不登校の子には、「学校に行かなくちゃいけないとは思っているのかな」とたずねてみる。

この質問が重要なのは、この質問の答えが、その子がどのタイプの不登校の子かを理解するのに役立ち、対応法を考えるのにも役立つからです。

もしこれに対する子どもの反応が「よくわからない」だったら、登校刺激を与える必要があります。逆に「行きたいけど行けない。それで困っている」ことが明確な場合は、登校刺激を与えるのはしばらく控えるのが適切です。これは不登校対応の基本です。

最近、不登校のタイプが多様化しています。二週間以内の不登校、まだ短い不登校の場合は、学校の先生に厳しく叱られた、友だちからからかわれたなどの、学校に行きたくない明確な理

不登校タイプの見分け方と対応方法

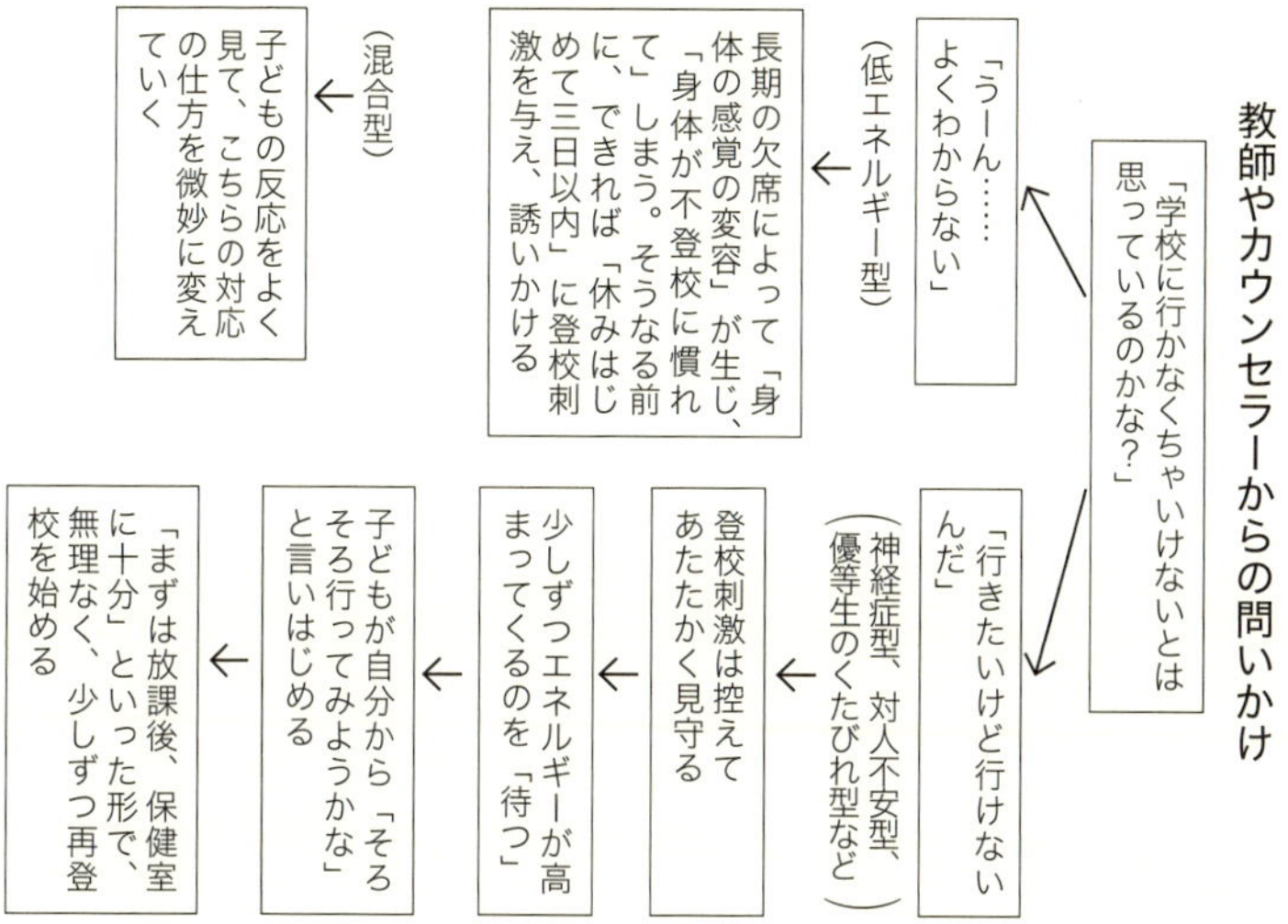
教師やカウンセラーからの問いかけ
「学校に行かなくちゃいけないとは思っているのかな?」
「うーん……よくわからない」
（低エネルギー型）
長期の欠席によって「身体の感覚の変容」が生じ、「身体が不登校に慣れて」しまう。そうなる前に、できれば「休みはじめて三日以内」に登校刺激を与え、誘いかける
（混合型）
子どもの反応をよく見て、こちらの対応の仕方を微妙に変えていく
「行きたいけど行けないんだ」
（神経症型、対人不安型、優等生のくたびれ型など）
登校刺激は控えてあたたかく見守る
少しずつエネルギーが高まってくるのを「待つ」
子どもが自分から「そろそろ行ってみようかな」と言いはじめる
「まずは放課後、保健室に十分」といった形で、無理なく、少しずつ再登校を始める

由がある場合が少なくありません。

けれども、一カ月以上続いた不登校の場合、もうちょっとあいまいな理由である場合が多くなります。そうした場合も大きく二つのタイプに分かれます。一つは「学校に行かなくてはいけないと毎日自分を追い詰めているけれど、自分を追い詰めれば追い詰めるほど、心身が萎縮して行けなくなってしまう」子どもです。

こういう子の場合、「学校に行かなくてはいけない」ということは、すごくわかっているわけです。学校のことはひとまず忘れてリラックスする時間を過ごすことが大切です。一カ月ぐらい十分休むとエネルギーが戻ってくることもあります。例えば〝優等生のくたびれ型〟みたいな不登校の子が典型です。神

経症型や対人不安型の子もいます。エネルギーが戻ってきたら、自分から望んで再登校にチャレンジする子どももいます。

この場合は自分から「そろそろ行ってみようかな」と言い始めるのを待つことが大切です。無理やり行かされるとせっかく育まれてきていた登校意欲をそいでしまうことになります。

この子は普段から「何とかして学校に行きたい。何とかして行きたい」と思っていますから、周囲があたたかく見守っているうちにエネルギーがじわっと高まってくると、「お母さん、私、そろそろ行ってみようかな」と自分から言うようになります。

そのような言葉が出てきたところで、担任とスクールカウンセラーと保護者と三人で作戦を練って、その子の負担がいちばん少なくてすむ登校形態を考えるといいでしょう。例えば、「まずは午前中三時間だけ」から始めたいという場合は、「二時間目から来て四時間目までいてもらって、そして給食を食べずに帰っていい」とするのも一案です。

もう一方のタイプは、「学校に本当は行かなくちゃいけないとは思っているのかな」と聞いたときに、「うーん、よくわからない」と言います。こんな子が増えています。これはいわゆる〝低エネルギー型〟の不登校です。その原因としては、「授業がよくわからない」など学力の問題が潜んでいることもあります。「友だちがうまくつくれなかった」といった問題が絡んでいることもあります。しかし、エネルギーが低いこと自体が大きな要因なのです。

この子の場合、自分で自分を追い込んでいるということはしていません。そうではなくて、「自分でも何か理由はよくわからないけど行けない」わけです。こういう子は登校刺激を与えなければ、行けるようにはなりません。

欠席日数が増えるほど、そういう子どものエネルギーはさらに低下していって、身体が「家から外に出ない」状態に慣れていきます。学校に行ける身体ではなくなってしまうのです。

こういう場合には、「身体の感覚の変容」が生じる前に、できるだけ早い時期から教師の家庭訪問でもいいし、ほかの子からの誘いかけでもいいので、登校刺激を与えることが大事です。

むずかしいのは、この両方が混じった「混合型」が実はいちばん多いということです。

「学校に行かなくちゃいけないとは思っているのかな」と聞いたら、「僕、わからない」と答えます。「これは低エネルギー型だな」と思って登校刺激を与えてみると、急にびくついたりするわけです。一見、〝低エネルギー型〟のように見えて、実は周りの目をすごく気にして身がすくんでいる子もいます。

まずは家庭訪問をしてみて、家庭訪問をしたときの反応（フィードバック）を見て、対応の仕方を微妙に変えていくことが必要です。

まずは、「本当は学校に行かなくちゃいけないとは思っているのかな」と問いかけてみて、それに対する反応によって、こちらの対応法を考えていくことにしましょう。

不登校（中期対応）

52 適応指導教室に通っている子どもには、月に一度は定期的に会いにいくこと。

適応指導教室に通っている子がいる場合、学校スタッフが適応指導教室に定期的に足を運んでいる子の学校復帰率は、そうではない子に比べて二倍近くになるという調査結果があります。

〝適応指導教室に適応してしまう〟子どもの存在が、隠れた問題になっています。適応指導教室の中では、とても心地よくすごせている。けれども、学校にはなかなか戻ろうとしない。学校に戻らなくてはいけないという気持ちすら、なくなっている子も少なくありません。

時折、適応指導教室の先生はこんなふうにもらします。「これでほんとうにいいんですかね。このまま適応指導教室に適応したまま、学校に戻らないまま卒業してしまっていいのでしょうか」。というのも、適応指導教室の本来の目的は学校復帰を援助することにあるからです。

私がちょっと気になっているのは、とくに中学校の先生方が、ずっと不登校で顔も見たことがない子どもに対して、かかわる意欲が低下しているのではないかということです。半ば「仕方ない」とあきらめているようにも見えます。

一回も会ったことがなくてかまいません。適応指導教室に通っている子がいたら、ぜひ月に一度、二カ月に一度、担任でもいいし違う先生でもいいので、定期的に学校のスタッフが適応指導教室に足を運んでほしいのです。

こう言うと、「一回も会ったことがないのに、会っても何を話したらいいかわからないじゃないですか」と言われる先生もいます。特別な話をしなくてもいいのです。見ているテレビの話とか、読んでいる漫画の話とか、好きなタレントの話とか……そんな〝よもやま話〟を五分か十分するだけでいいのです。その五分、十分がその子の気持ちを在籍校に向けます。ひょこっと学校に戻り始める子どもたちが、かなりの割合でいるのです。

もし、学校に復帰できなかったとしても、本人も幸福にすごしていて保護者の方も十分に納得しているのであれば、適応指導教室に適応したまま中学校を卒業しても、いっこうにかまわないと私は思います。

なぜなら、適応指導教室に毎日通えていた子は、中学卒業後、高校に毎日普通に登校できる子が多いからです。そして二十歳の時点では、ほとんどの子どもが社会復帰ができているのです。

不登校（別室登校）

53 緊張や不安が強い別室登校の子どもたちと接するときは〝長い沈黙〟は禁物。ノンストップトーキングで楽しい気持ちにさせることができる教師がフロントに立って対応しよう。

私がこれまでかかわってきた経験で言うと、別室登校の子どもたちの中にも、〝ちょっと頑張れば教室に戻れそうな子ども〟と、週に一度何とか別室に行くだけで精一杯の〝ぎりぎり別室登校の子ども〟とがいます。

ここで申し上げたい大切なことは、〝ぎりぎり別室登校〟の子どもたちには、何とかして、週に一日でも学校に来られているいまの状態をキープしてほしいということです。

楽しい話ができる先生が，不登校の子の緊張をやわらげる

こんな先生が実は教育相談の大事な戦力になりますよ

えーとね、
あのね、
こんな話が
あるんだ……
ハハハ

私の経験で言うと、週に一度一時間のペースでもいいから、定期的に学校に顔を見せている子どもは、高校へ行った後、毎日普通に登校できる確率がかなり高いのです。

逆に、まったく学校に来られなくなってしまい、引きこもっている子は体が不登校になじんでいるので、高校に合格したとしても、通えなくなる確率が高くなります。

先生方の中には「週に一度一時間とか三十分学校に来るだけで、ほとんど来ていないじゃないか。週に一度三十分の登校なんかをしても、そんなに意味はないんじゃないか」と思う方もいるかもしれませんが、そんなことは全然ありません。

「週に一度三十分の登校」でもしているのと、していないのとでは、その子の将来に、ものす

ごい大きな違いが出てくるのです。だから「週に一度三十分の登校」を何とかキープすることに全力を注いでほしいのです。

〝週に一度三十分しか登校をしない子〟には、リストカットをしている子とか、摂食障害で入院経験のある子とか、不安も緊張も高そうな子どもたちが少なくありません。こういう子どもたちに、〝どのスタッフが当たったら週一回の登校をキープできるか〟ということで試行錯誤をしたことがあります。

実は、こういう子どもとかかわるのには、教育相談を極めたような先生はあまり向いていません。

カウンセリングの原則では沈黙は大事です。「子どものペースに寄り添って、子どもが何も言わなくなったらその沈黙を大切に見守っていく。子どもが何か言ったらそっとそれを伝え返してあげる。沈黙は意味があるので、沈黙を守ることが大事だ」――これがカウンセリングの基本です。沈黙の大切さを学んでいる先生は多いはずです。

けれども思春期の子どもへの対応においては、この原則はしばしば通用しないことがあります。思春期の子どもには、沈黙をとても恐れている子が少なくありません。

そういう子にとって、沈黙はものすごく緊張する恐怖の対象なんですね。沈黙はとにかく怖い。そして、まじめな子どもたちは、「もうずっと沈黙が続いている。先生も困っているに違いない。先生を困らせていることをしてしまった。何かしゃべらなきゃ……」と焦ったり、「沈黙になったのは自分が悪いんだ」と自分を責めることも多いのです。

では、どうすればいいか。この子たちに〝何にもしゃべらなくていい、楽しい雰囲気〟を感じさせることができるような先生が別室で対応するのが、いちばんいいのです。

ある学校でフロントに立ったのは、お酒の席でしゃべるのが大好きな男性教員でした。とくに女性が相手だと、はりきってしゃべり続けます。そのために、いつも楽しい話をたくさん仕込んでいます。

この先生は、別室の子たちをノンストップトーキングでずっと笑わせ続けることができるのです。

この先生といると、話をするのが苦手な不登校の子どもはものすごく楽です。そこにいるだけでよくて、あとは、とにかくずっと笑わせてくれるからです。

結果、その子はどうなったかというと、その先生がいる時間だけ、別室に来るようになって、週に一度一時間だけの登校を卒業まで続けました。そして卒業した後、受かった高校に一日も休まず登校ができています。

〝子どもを楽しい雰囲気にさせることができる先生〟〝ノンストップトーキングができる笑わせ上手の先生〟が、重い不登校の子への対応に役に立つのです。

不登校（長期対応）

54 長期の不登校の子の家庭にも、行事予定表は必ず送り届けること。卒業後の年賀状と暑中見舞いは十年間出し続けよう。

教師の前では「先生、もういいですよ、うちの子どものことは」と言いながら、カウンセリングルームで「ついに私たちは担任の先生に見捨てられました」と言う母親がいます。聞くと「〝学校の行事予定表〟も届かなくなったのです」と言います。

長期の不登校の子の保護者と、学校をつなぐ〝最後のきずな〟が「行事の予定表」です。保護者の方に「プリント類がいろいろありますから取りに来てください」と言う先生がいます。けれど不登校の子どもの保護者は気持ちが引けて、学校に行きにくくなっています。

ほかの書類はともかく「学校の行事の予定表だけは、郵送でもいいから、必ず送り届けること」――これが学校と家庭をつなぐ〝最後のきずな〟になります。

仮にそのお子さんが卒業まで不登校だったとしましょう。高校も受かって最初の一週間だけ行ったけど、またすぐ不登校になってしまった。こういう場合には、そのお子さんと家族以外の〝最後のきずな〟が中学校の学級担任なのです。その子には、中学校を卒業した後も「十年間は暑中見舞いと年賀状だけでいいから送り続けて」ください。引きこもりの専門家の斎藤環医師は、「僕は三十年間は送り続けてくださいと言っています」とおっしゃっていました。

なぜこんなことを言うのか。ある中学校の先生があるとき、お母さんに呼ばれたのです。「先生、うちの子どもが交通事故で死にました。見舞いに来てやってくれませんか」。そのお子さんは高校をすぐにやめてアルバイトもすぐやめてしまっているから、家族以外の人で最後につながっていたのは、唯一、中学校三年のときの担任の先生だけだったのです。

お母さんからその子の日記（中学校を卒業してから二十五歳で亡くなるまでの日記）を見せていただくと、そこには、その先生のことばかり書いてある。もう十年も会っていないのに。

教師はときとして不登校の子どもにとっては〝社会とつながっている唯一の存在〟です。自分がその子にとっての〝命綱のような存在〟であることをわかってほしいのです。「年賀状と暑中見舞いは十年間出し続けてほしい」という言葉の背後には、こういった思いがあります。

特別支援教育

55 「一指示一動作の法則」。一つの指示を出したら、それを実行できてから、次の指示を出すこと。

子どもたち、とくに発達障害をもっている子どもたちは、一度にいくつものことを言われると混乱してしまいます。

この混乱をなくすためにとても重要なのが、「一指示一動作の法則」です。

一指示一動作とは、「立ちましょう」と一言、言う。

子どもたちが立ったのを確認してから、「右を向きましょう」と次の指示を出す。

右を向いたのを確認してから、「では、歩き始めましょう」と言う。

このように、〝一つの指示で一つの動作しか言わない〟法則のことを言います。

「一指示一動作」の法則

一つの指示で、いくつもの動作を要求するようなことを一度に言ってしまうと、子どもは混乱してしまいます。

例えば「じゃあ、みなさん、立って右側を向いて、五十メートルほど歩きましょう」。

こんなふうに、一度に多くのことを要求されてしまうと、発達障害の子どもは混乱し、どうしたらいいかわからなくなりやすいのです。

「一指示一動作の法則」を徹底させること。これが、普通学級における特別支援の「基本」の「キ」です。

明日から、さっそく、授業でやってみましょう。

特別支援教育

56 教室前方をすっきりさせて、発達障害をもつ子どもの気持ちを散らさないようにせよ。

発達障害をもった子どもには、注意が散りやすいという特徴があります。なかなか注意が集中できないので、授業を進めにくく、そのために先生方が手を焼くことが少なくありません。

このとき、教室の前方、つまり子どもたちが向く方向にいろいろなものが雑多に置いてあると、多くの刺激が洪水のように押し寄せてきて、子どもたちは大混乱に陥ってしまいます。子どもたちが前を向いたときに「目に入るようなものができるだけないように」すっきりと整理された環境を整えましょう。

これだけで、多くの子どもたちの注意集中は、ずいぶんと助けられるはずです。

教室前方をスッキリさせて，発達障害の子の注意集中を助ける

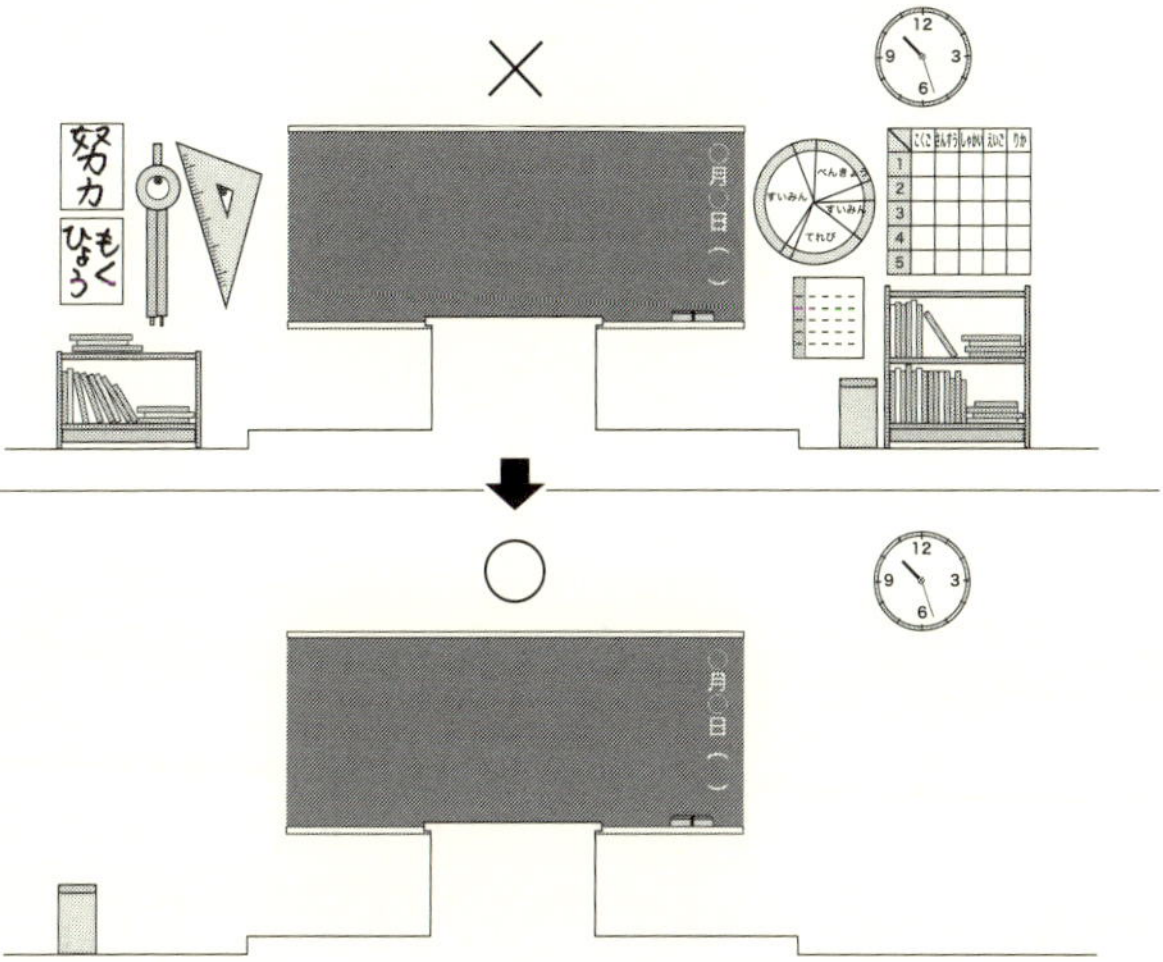

例えば研究発表会に行くと、小学校の教室でどこを向いても、いろいろなものが飾ってあることがあります。

それはそれでにぎやかでいいんです。活気がある学級だなという感じもするし、その活気のよさに押されて元気が出る子どももいると思います。

けれども、発達障害がある子にとっては、刺激が多すぎるので、あちこち気が散ってしまって、授業どころではなくなってしまいます。そういう刺激を与えておいて、先生から、「○○君、何、よそを向いているんだ。こっちを見なさい」と注意されると、よけいに困惑してしまいます。

教室前方をすっきりさせて、注意集中がしやすい環境を整えましょう。

特別支援教育

57 「一分待ちます」「十、数えます」と、数字を使って具体的なゴールを示す。

発達障害をもつ子どもたちは、「見通しがもてないと混乱しやすい」ところがあります。見通しがないままに、「次、これをしなさい」「次、あれをしなさい」と、次から次へと多様な指示がくり出されていくと、だんだんパニックに陥っていく子も少なくありません。

そのとき例えば、「ちょっと考えてください」とあいまいな言い方をされると、「ちょっと」というのが、子どもたちにとってはすごく短い子と、すごく長い子がいます。「ちょっと」が十秒の子と、「ちょっと」が三十秒の子どもがいるわけです。

その子は勝手に「十秒」と受け取ってしまって、十秒だけ考えて、顔を上げて周りを見たら、まだみんな考えているということがあるわけです。「それでは、いったいどうすればいいのか」

数字を使って，具体的に目標を示す

○
十、数えましょう
一分待ちましょう
×
ちょっと待ちましょう
それは十秒なの？
三十秒なの？一分なの？
えー？？？

となってわからなくなり、パニックになってしまいます。

「ちょっと待ちましょう」「ちょっと考えましょう」などといったあいまいな指示はやめましょう。

そうではなくて、「一分待ちましょう」「十、数えましょう」と、数字を使って具体的なゴールを示して見通しをもてるようにすることが大切です。

こういった工夫をすることで、落ち着きがなかった子どもも、だいぶ落ち着きを取り戻していくことができます。

特別支援教育

58　授業時間を「音読タイム」「書き写しタイム」などと、小さなユニットに分ける。

発達障害の子どもは、例えば「聞きながら写す」とか、「見ながら語る」というふうに、一度に多くのことをやらざるをえなくなると、だんだん混乱してしまいます。

ですので、「いまは音読をする時間」「いまは黒板に書いてあることを書き写す時間」というふうに、授業を「小さいユニット」に分けて、一つのことに集中してやればいいように工夫していくことが必要です。

「○○と○○をやりなさい」というふうに違うことを同時にやらされてしまうと、発達障害をもつ子どもはパニックを起こします。

「音読タイム」「書き写しタイム」などに分ける

×
黒板に書いたことを写しながら考えてください
○
黒板に書いてあることを写しましょう
写し終わりましたか？（と確認する）
では、これから教科書を音読しましょう

また、発達障害の子は、一つのことをするのに、ほかの子どもたちよりもはるかに長い時間を必要とします。

そのため、授業で置いてきぼりを食うことが少なくありません。

そして、授業で「独りぼっち」「置いてきぼり」の状態に長く置かれ続けると、発達障害をもった子どもの自尊感情が傷ついてしまいます。

そして、自尊感情が傷つき低下すると、その子たちは、さらに授業や行事の途中で落ち着きをなくしていきます。

授業に出ているのがつらくなって不登校になる子も少なくありません。

こうした細かな点に配慮することが、大変役に立つのです。

特別支援教育

59 「説明の時間」は可能なかぎり短く。授業はテンポよく進めること。

発達障害の子どもには、注意を集中する時間が長く保てない子どもが少なくありません。一つの説明の時間は可能なかぎり短くしましょう。

できるだけ短くわかりやすい説明を心がけることは、発達障害の子の理解に役立つだけではありません。あまり勉強が得意でないほかの子どもたちが勉強を好きになるための大きなきっかけづくりにもなります。教師の長い説明を根気よく聞いているうちに、子どもたちは、どんな指示が出されているのかわからなくなってしまいがちです。

「説明は短く」――これは発達障害の子へのかかわりにおいてばかりでなく、すべての子ど

説明は1つ1つ区切って，短く

もの学力を向上させるために教師が心得ておくべきことです。

「説明は短く」。

もう一度胸に刻んでおきましょう。

例えば、クラスでエンカウンターをおこなうときに、「それでは、五人一組をつくって、一人一分で、全体で五分になるように順繰りに話していきましょう」。これではダメです。

「では、五人一組をつくってください。そうです、そうです。みんなで顔が向きあうように座ってね。はい。そうです。それでは、一番の人、手をあげて。一番の人がこれから一分間話をしますので、ほかの子はうなずきながら、よく聞くように」。このように一つ一つ区切って、短く説明することが大切です。

特別支援教育

60　何度も手をあげている子に「『はい』は一度だけです」と厳しく言うのは×。静かに手をあげている子をくり返しほめる。

多動性が入っている子どもには、授業中、何度も手をあげる子が少なくありません。私のカウンセリングルームに、ある発達障害をもった子どもが来て泣きながらこう言いました。

「先生は、僕が何度手をあげても当ててくれない。ほかの子は三回も当てられているのに。先生に、どうして僕のことを指してくれないんですかと聞いたら、授業妨害をする子どもを指そうとは思いませんと言われました」——こう言って、悔しそうに泣いていたのです。

この子にしてみたら、ただ指してほしいからがんばっているのです。それなのに、先生からそれを授業妨害だと言われた。このことに深く傷ついています。自分が否定されたように思い

何度も手をあげる子を叱るのはNG
静かにゆっくり手をあげている子をほめて，具体的なモデルを示す

×
授業妨害はやめなさい！
はい、はい、はい
○
○○さん、静かにゆっくり手をあげて、とてもいいですね。その調子でがんばりましょうね

ます。

ただ、先生方の側からしたら、何度も同じ子が、「はい、はい」と連発しながら手をあげても、同じ子を何度も指すわけにはいきません。

では、どうすればいいか。

静かにゆっくり手をあげている子のことを「○○さん、ゆっくり静かに手をあげていていいですね。この調子でがんばろうね」とみんなに聞こえるように声をかけるのです。

具体的なモデルを示されると「ああ、こうすればいいのだ」と、気づくことができます。

発達障害をもった子どもは、強い叱責によって傷つきやすいという特徴があります。「何度も手をあげている子」に「あなたは授業妨害だ」と言って叱るより、いいモデルになる子をゆっくりほめるほうが、はるかにわかりやすいのです。

特別支援教育

61 教卓の横に並ばせて丸つけをするのはやめる。教師が机と机の間を歩きながら、一人一人に声をかけていこう。

発達障害をもつ子の多くは、待つことが苦手です。ですから、丸つけを教卓の横に並ばせる方式でやっていたら、そわそわして落ち着かなくなってきます。その子が落ち着かなくなると、ほかの子もいっしょに落ち着かなくなってきます。それで教室全体が騒然として、まだ問題を解いている最中の子が妨害されるという結果になりかねません。

これを避けるには、教卓の横に並ばせる方式の丸つけはやめて、教師が机間巡視をしながら、丸つけをしていく。そうすることで、子どもたちは教師との関係を感じることができます。

発達障害をもつ子どもだけでなく、いま、多くの子どもたちは「教師を独占したい」という

丸つけは、机間巡視しながら、１人１人に声をかけて

気持ちを抱いています。「かかわり」を求めているのです。

机間巡視をしながら丸つけをすることで、発達障害をもつ子どもたちも落ち着いてきます。そればかりでなく、ほかの健常な子どもたちも、「この先生は自分のことを見てくれている」という実感をもつことができ、落ち着いていきます。

丸つけは教卓の横並び方式をやめて、机間巡視で、一対一での対応を基本にしましょう。そうすることで、発達障害をもった子どもだけでなく、多くの子どもたちが落ち着きを取り戻していきます。

特別支援教育

62 「見ていたよ」「がんばっていたね」「ここが成長したね。うれしいよ」と承認の言葉かけをすべての子どもにしていこう。

発達障害をもつ子どもの指導においてとても重要なことは「二次障害」に配慮することです。もともともっている発達の凸凹に加えて、「先生は僕のことを認めてくれない」「私のことをわかってくれていない」という「自尊感情の傷つき」が生まれないようにすることが大切です。

発達障害のある子をいちばん前の列に座らせてその子に声かけをしたり、プリントを配ることがあったら手伝ってもらったりしながら声かけをして、発達障害の子どもが「僕（私）は先生に認められている」という実感をもたせることが大事です。

けれども、そればかりだと、ほかの多くの子どもたちの間に「先生は○○君ばかり見てずる

すべての子どもに「がんばってるね」と承認の言葉かけを

○
よくがんばっていますね
先生はちゃんと見ていますよ
とてもうれしいです
×
えこひいきだ
ずるいよ

い」「あの子ばかりえこひいきだ」という不平不満がわいてきて、教師の見ていないところで、その子に攻撃を加えることになりかねません。

すると、発達障害をもつ子どもの自尊感情が傷ついて、不登校になっていく可能性もあります。これを防ぐには、発達障害をもつ子ばかりがほめられている感じをほかの子がもたずにすむように、常に多くの子どもに対して承認やねぎらいの言葉かけをしていくことです。

「今日はがんばっていたね。○○してくれてありがとうね。先生はうれしいよ」という承認の言葉かけをすべての子どもたちにくり返しおこなうことが大切です。そうすることで、発達障害の子どもを安心して認めてあげることができるようになります。

特別支援教育

63「私は○○が好きです。なぜならば」と自分の考えの結論と理由を説明する文章を書かせるなどして、問答ゲームをおこなう。

「発達障害をもつ子どもたちのコミュニケーション能力を育てるためにはどうしたらいいでしょうか」という質問を受けることがあります。

多くの先生は、コミュニケーションが苦手な発達障害の子どもたちのコミュニケーション能力を育てるために、いったいどうすればいいのか、困惑しておられるのです。

有効な方法の一つに、「まず結論を言って、その理由を示す」文章を書かせるという方法があります。「結論→理由」という思考の構図が明確な「私は○○が好きです。なぜならば」と、

発達障害をもつ子のコミュニケーション力を育てる

結論とその理由を説明する文章をその子が書けるように援助していくのです。

　また電話がかかってきて、「お母さん、いますか」と言われたときに、発達障害をもつお子さんは、文字どおり受け取って、「はい、いますよ」とか「いいえ、いませんよ」とだけ答えることが多いのです。

　それで終わらせずに「はい、お待ちください」と言って、お母さんを呼ぶようなロールプレイをしましょう。

　こうした練習を積み重ねていくことによって、発達障害をもつ子どもたちのコミュニケーション能力はじわじわ育っていくのです。

特別支援教育

64 発達障害をもつ子どもに声かけするときは、「○○してはだめ」という否定語ではなく、「○○しましょうね」と肯定語を使う。

発達障害をもつ子どもは、一つのことを成し遂げるのに時間がかかります。

また、教師から見ると、してはいけないことを何度もくり返すので、わざとやっているように見えます。

そのうち、先生方の中には腹が立ってきて、「あなたは横着だ」と非難をしたり、「いったい何度言ったらわかるんだ」と大きな声で叱ってしまう先生も少なくありません。

けれども、非難されたり、怒鳴られたりした子どもは、「とにかく僕は先生に否定されている」

声かけは否定語ではなく，肯定語を使って

×
○○するのはやめなさい。何度言ったらわかるんだ!!
○
○○してくれるとうれしいな
○○するようにしようね

「この先生は私のことが嫌いなんだ」という思いしか抱けなくなります。その結果、パニックになっていくのです。

そういった子どもを「○○してはだめ」と叱るのではなくて、「○○するようにしようね」「○○してくれると、先生、うれしいな」と、肯定語を用いた具体的な言葉かけを日常的に積み重ねていきましょう。

そうすることで子どもたちは、「自分を否定された」という感情を抱くことなく、新しい行動を身につけることができるのです。

「○○してはだめ」はＮＧ。

「○○しようね」「○○してくれると、うれしいな」はＯＫ。

覚えておきましょう。

特別支援教育

65 パニック時に「一人になれるクールダウンのスペース」を用意しておく。

発達障害の子どもがパニックを起こしたときに、先生がやってはいけないのが、例えば、「〇〇、落ち着かないか！」と大声で叱ることです。「この子を止めなければ」と後ろから羽交い締めにするのもよくありません。子どもは突然自由を奪われて、どうしたらいいかわからなくなり、振りほどこうとして暴れます。子どものひじ突きで骨折したという先生もいます。

大事なことは、パニックになった子どもがいたら、その子に声かけをして、別の部屋に移ってもらうことです。あるいは、教室の中に小さな「間仕切りをしたスペース」を作り、そこにいると落ち着けるようなクールダウンのスペースを用意しておくことです。

発達障害をもつ子どもが、「このままだとイライラして落ち着きがなくなりそうだ」という

パニック時に１人になれる「クールダウンスペース」を作っておく

クールダウンスペース
ここに行けばいいんだ。
僕は安心だ

ときに、ＳＯＳカードをいつでも出せるようにしておくといいでしょう。そのカードを出したら、「間仕切りスペース」に行くことができることにしておくのです。

子どもが安全に守られるスペースの確保が大切です。「パニックになっても、ここに来れば一人で落ち着くことができる」と安心できる場所を用意しておくことが大切です。

パニックになって初めて連れていくのではなく、まだ落ち着いているときに、「〇〇君、ここに来れば大丈夫だからね。ここは〇〇君が気持ちを落ち着けるための場所なんだよ」と伝えておくことです。すると、子どもも前もってサインを送ることができるし、教師も落ち着いて対応することができます。その結果、クラス全体に落ち着きが生まれるのです。

66 教師ごとにルールや授業の進め方が違うと子どもは混乱する。教師全員で、「同じルール」を共有すること。

先生によってルールが変わったりすると、発達障害の子はどうしていいかわからず、パニックになりがちです。授業の進め方についても、ある先生は、まず板書をする時間を取って、板書が終わってから「では説明しますね。聞いてください」というふうに、こちらを向かせて説明してくれるのに、別の先生は板書をしながら同時にもう説明を始めています。こうなると、発達障害の子は混乱しやすいのです。

大切なのは、「こういう学習規律を身につけさせよう」とか、「一指示一動作」「リズムやテンポのある授業」をやっていこうという原則が決まったら、これを校内の全教師で共有するこ

教師全員で同じルール、同じ原則を共有する

とです。

すべての教師が同じルール、同じ方法を共有することが、発達障害をもつ子どもの落ち着きにつながっていきます。

どんなにいいことでも、ほかの先生とやり方が違うと混乱を招きます。

同じ先生が昨日言っていたことと今日言っていることが違うのもよくありません。これでは、普通の子どもでも混乱します。

発達障害をもつ子はA先生とB先生の間で言っていることが違っていても混乱しやすいのです。

「すべての先生が同じルール、同じ原則を共有しておくこと」――これはきわめて重要なことです。

保護者対応

67 発達障害をもつ子の保護者とかかわるときには、いきなりだめ出しは禁物。「○○君、かわいいですね。私、大好きなんですよ」と伝えることで初めて保護者とつながることができる。

発達障害をもつ子どもの中には、幼稚園、保育園や小学校でずっと厄介者扱いされたという思いを抱いている子がいます。その子の保護者は、何度も学校から呼び出されているはずです。学校に対して辟易し疲れきって学校への不信感を募らせている保護者の方は少なくありません。

そういう保護者の方と中学校の教師が初めて面談することになりました。ここで最も必要なことは、「信頼関係」を構築すること。リレーション（気持ちのつながりのある人間関係）をつくることです。まずこれに、すべてのエネルギーを注ぎましょう。

私自身が中学校のスクールカウンセラーとしてやっていることは、まず話の出だしで、「○○君、かわいいですね。僕、大好きなんですよ」と伝えます。その子のことが好きなんだという実感をストレートに伝えるのです。

このとき気をつけてほしいのは、〝グレーゾーン〟のあいまいな言い方はしない、ということです。発達障害をもつ子の保護者は学校関係者を白か黒か、二つに分けて考えがちです。「○○君、かわいいですね。私、大好きなんですよ」と明確に「自分は味方である」ことを伝えましょう。

スクールカウンセラーとして私は、発達障害をもつ子の保護者との最初の面接で、自分の発達障害傾向も語ります。実は私も空間認識能力が弱いために、バレーボールのスパイクが全部空振りになるとか、ソフトボールでフライが捕れないといった苦い経験があるのです。あるとき保護者の方と話をしているときに、私が自分の発達障害傾向について語ると、「先生、うちの子、先生ほどひどくないですよ」と言われたこともあります。

これぐらいでちょうどいいと思うのです。発達障害をもつ子の保護者からしたら、「教師はいつも上から目線でものを言う」と感じているものです。教師が自分の身を一つ低くして（ワンダウン・ポジション）、保護者と同じ目線に立っていることを、これぐらいわかりやすく伝えていくことが大切です。そうしてはじめて、保護者の方も心を開いてくれるのです。

保護者対応

68 保護者対応でメンタルヘルスを崩す教師が急増中！ 教師の人権とメンタルヘルスを守るために、①自宅の電話番号、携帯の番号、自宅の住所は伝えない。②必ず複数のチームで対応する。この二つを徹底しよう。

保護者対応で振り回されて、神経をすり減らし、メンタルヘルスに不調をきたして、休職、退職に追い込まれる先生が増えています。

「毎日四時間、携帯電話で特定の保護者の話を聞いています」という先生もいます。そうした対応をしているうちに、どんどんエネルギーを奪われていき、うつ病になる先生も少なくありません。こういう現状から教師を守る必要があります。

まず、「自宅の電話番号、携帯の電話番号、自宅の住所、この三つは保護者には伝えない」ことを学校全体の方針として決めてほしいと思います。連絡網にはメールを使うのです。

こうした方針を明確に打ち出している学校も増えています。教師の人権とメンタルヘルスを守るためにも、教師の個人情報を守るためにも、この点は徹底していくべきだと思います。

ある教師は、毎日四時間携帯電話で対応していて「ちょっと用事があるから切りますね」と言って切ったら、保護者が「いきなり電話を切るなんて、私の心は傷ついた！　傷害罪だ!!」と警察に連絡されました。そんな毎日の連続で心身ともに疲れきってしまい、うつ病になったのです。

また、ある先生は、年賀状の返事を学校の住所ではなく自宅の住所で書いてしまったばかりに、保護者の方が毎晩夜十時に押しかけてきて、なかなか帰ってくれませんでした。その結果、睡眠障害からうつ病になって休職することになったのです。

こういった事態から教師を守る責任が管理職や教育委員会にはあります。

「電話番号や住所は伝えない」

「言った、言わないの応酬にならないように、必ず複数の教員で対応する」

この二つの原則を徹底しましょう。

保護者対応

69 保護者対応は「言った、言わない」の応酬になりがち。これを防ぐために必ず複数の教員チームで対応すること。

保護者と学校がねじれるケースでいちばん多いのは、「言った、言わない」の論争になってヒートアップしていくケースです。「自分はベテラン教師だから一人でも大丈夫」と思って対応しているうちに、「言った、言わない」のやりとりになり、次第に事がねじれてしまってヒートアップする保護者の方が多いのです。

そうならないためには、クレーマータイプの保護者とは、必ず教師は複数のチームで会うようにすることです。

教師が一人で対応すると、被害者意識の強い保護者は自分の頭の中で考えただけのことを「相

クレーム対応は、複数の教師チームで

うちの子が
かわいそうで……
なるほど
そうなんですか
担任
学年主任
校長

手が言ったこと」と思い込むようになったり、言ったことを「聞いていない」となったりしがちです。しかし、複数の教師チームで会っていて、隣でほかの先生も聞いていると「言った、言わない」の論争にはなりにくいのです。

保護者の中には「教師との談話を録音させてもらいます」と言う方がいます。多くの先生は録音されるのをいやがりますが、実はこれは学校としては歓迎すべきことです。ちゃんと証拠が残るということは、むしろ学校の方に有利に働くことが多いのです。そういう場合には、「ではこちらも録音させていただいていいですか」と断ったうえで録音しましょう。

そうすれば言ったことを言わないことにされたり、言わなかったことを言ったことにされたりということが、あまりなくなるはずです。

保護者対応

70 クレーマー保護者には、①来校をねぎらう。②プラスワンの人数。③お茶とお茶菓子を用意する。④ていねいに傾聴する。

クレームをつける人の基本心理は何か。〝自尊感情の傷つき〟です。「私や私の子どもは、もっと大切にされてしかるべきなのに、学校は大切にしてくれていない」と感じています。

クレームをつける人は、心の中に傷つきを抱えている人です。その傷つきと、アグレッション（攻撃性）をもてあましているために、誰かを攻撃し、傷つけてしまうのです。

したがってクレームをつけてきた保護者と売り言葉に買い言葉でやりあうのがいちばんよくありません。保護者の傷つきはさらに深くなり、クレームも激しくなっていきます。

では、どうすればいいか。次の四つの原則で対応しましょう。

①学校に来ていただいたら、「よく来てくださいましたね」とねぎらう。
②お母様一人で来られたら担任と学年主任の二人で、両親で来られたら、担任プラス学年主任プラス校長の三人で対応する（保護者の人数プラス一人で対応する）。
③お茶とお茶菓子をお出しする。冷たい飲み物を出して、クールダウンをしてもらう。
④よくお話をお聞きする。

人間は相手にていねいに話を聞いてもらえると、「自分は大切にされている」と実感することができます。「あなたのことを大切にしていますよ」という思いを伝えるための最高の方法が、ていねいに話を傾聴することなのです。

学校の方からお願いをする場面もあるでしょう。そのときは「上から目線」をやめて、具体的に、お願い口調で、保護者の自尊感情を大切にするような伝え方をしましょう。

例えば食事をまともに与えていない保護者の方に、「お母さん、あなたも親でしょう。食事ぐらい作ってあげてください」と上から目線で言っても入っていきません。そうではなく、「M男君、お母さんのおにぎりが大好きだって言っていました。仕事に行かれる前に三つぐらい作ってくださるとM男君もすごく喜ぶと思います。お母様ならできますよ」と伝えるのです。

人間は自尊感情が大切にされるような仕方で、何かの行動をお願いするように促されるとそれをし始めます。逆に自尊感情が傷つけられることを言われると意欲を失ってしまうものです。

保護者対応

71 保護者対応は初動が肝心。謝るべき点は最初に明確に謝罪すること。できもしないことを、できるかもしれないように伝えるのは厳禁です。

保護者対応は、初動を間違えたために、エスカレートしていくケースがとても多いのです。例えば、「教師の目の前でからかいのようなことがずっとおこなわれていて、そのうえで、子どもが大きなけがをした」。これは教師がボーッとしていたためで、明らかに教師の側に落ち度があります。こうした場合、校長にひとこと「これは私のミスですので謝罪してよろしいでしょうか」と了解を取ったうえで、保護者に最初から明確に謝罪をしてください。

「こんな場面で謝ってしまったら、どんどん突っ込まれるのが怖い」と思い、謝っているような謝っていないような、あやふやな態度を取ると、それがその後の対応をむずかしくします。教師からそういう態度をとられると、保護者としては「何が何でも謝らせてみせる」という気持ちになります。謝るべきことは最初に明確に謝罪をすることが大切です。

もう一つ、保護者の無理な要求に対して保護者がさらに怒りだすのを恐れて、〝できるかどうかわからない、あいまいな態度〟をとる先生もいます。例えば「うちの子どもをいますぐ、別のクラスに替えてください」と言う保護者がいます。多くの学校では「できない話」でしょう。にもかかわらず、「そうですね、クラス替えですね、ああ、なるほど、うーん」などとあやふやなことを言って、「できない」と明確に言わない。すると保護者の側は「何が何でもクラス替えだ」という気持ちになっていくわけです。その場しのぎのあいまいな態度で逃げずに、「できないことはできない」と明確に伝えることです。

あともう一つ、大事なことは、ねじれまくったケースを自分で抱え込まないことです。校長先生が「何が何でも私のところで解決しよう」と考え、意地になって対応し続けている場合があります。その保護者はもう「担任や校長の声を聞くだけ」で、自動的に怒りしかわいてこない状態になっています。そこまでいったらもう学校で対応するのは無理があります。

できるだけ早く教育委員会に上げて、委員会として対応してもらいましょう。事態を悪化させないために、あきらめが肝心なときもあるのです。

保護者対応

72 保護者に好かれる教師になるポイントは三つ。①子どもウオッチング。②まめな対応。③さわやかで気さくな雰囲気。

私はいろいろな保護者の方から教師に対する苦情を聞いてきました。どんな教師が好かれ、どんな教師が嫌われるかも、おおよそわかってきました。

一つ目、保護者が「うちの子、最近どうですか」と聞いても、「とくに問題ないですよ。よくやっていますよ」と、あいまいな答えしか返ってこない先生は、「この人は子どものことをよく見ていない先生だ」と一発で見抜かれます。

どの調査結果を見ても、信頼できる教師の要素のナンバーワンは、「うちの子をよく見てくれている先生」「クラスの様子をよく見てくれている先生」です。

〝よく見てくれている〟ことが、保護者が教師に望む一番のことです。つまり、子どもウオッチング、学級ウオッチングをしていて、具体的なことを保護者会でも伝えられるし、個別対応でも具体的な情報を伝えられる。そんな先生が「信頼される先生」なのです。

ただ、どんなに子どもウオッチングをしていても忘れてしまっては元のもくあみです。記憶力の低下を感じている先生は、それを補うために細かくメモをとりましょう。

二つ目は、〝まめな対応〟を心がけることです。例えば「うちの子がいじめられているようなのです。よく見ておいてくださいませんか」と電話があったとしましょう。こんなとき、できれば、その日のうちに一本電話を入れてほしいのです。留守番電話であっても一言、入れましょう。まめに連絡をとることが信頼感につながります。

三番目にどんより疲れ切ったオーラを出している先生を保護者は嫌います。この気持ち、少しわかりますね。

そうならないためには、こまめにストレスを解消していきましょう。

すっきりさわやか、明るいオーラを出している先生に「うちの子の担任になってほしい」と保護者は望んでいます。

チーム支援

73 すべての子どもにもれなく援助を提供するには、部会や支援チームという形での〝システム連携〟が不可欠です。

小学校や高校に比べると、中学校はチームで対応ができているケースが比較的多いです。教育相談部会、生徒指導部会、特別支援部会などの校務分掌に加えて、緊急事態に応じて結成される支援チームも機能しています。そこに教育委員会の先生、医師なども入って、チームで対策を練って、チームで定めた方針で動いていくのです。

例えば各学年で気になる子についての情報が、絶えずその学年の教育相談担当者にいくようになっていて、教育相談部会では、その学校でケアする必要がある子どもについて漏れなく情報共有ができているようにしたいものです。

教育相談部会で「気になる子」について情報を共有する

1年B組の
Cさんなん
ですが、
最近こんな
ことがあって
え、そうなん
ですか

中学校に比べて、小学校と高校はシステム連携がいまひとつです。仲のいい先生同士が「あの子、どうしてる?」などと話しあうところで止まっていることが多いようにみえます。

これでは、たまたま力量や意欲のある先生に当たったらその子は救われるけれど、当たらなかったら救われないことになってしまいます。もちろん仲のいい先生同士の〝日常連携〟も重要ですが、それだけでは情報のネットワークから漏れる子が出てしまいます。

とくに小学校では、担任の先生が自分一人で抱えてしまうことも往々にしてあるようです。小学校では、担任中心主義を打破することが急務です。そのためには学年の壁を越えてチームで情報を共有し、対策を練りあっていく〝システム連携〟が不可欠です。

チーム支援

74 学校教育相談の基本は〝事を荒立てる〟こと。「大変だ、大変だ」と騒ぐことで、子どもの情報を共有しよう。

多くの学校（とくに管理職）は事なかれ主義です。何事も問題にしないですむことであれば、できれば問題にしたくないというのが多くの学校の体質です。

とくに管理職になると、自分が定年を迎えるまでは、できれば問題は起きてほしくないという、逃げの姿勢に回っている方も少なくありません。もちろん、そうじゃない方もいますが。

問題は学校全体に事なかれ主義が蔓延している場合です。とくに高校には、そういう体質の学校が少なくありません。「最低限すべきことはするけれど、それ以上のことは一切したくない」という雰囲気が学校全体にただよっていることがあります。

こうなると、ほんとうは対応が必要な子どもたちのことが、ざるから漏れていくみたいに漏れてしまいます。

こんな事なかれ主義の学校における教育相談担当者、カウンセリングを学んだ先生のいちばん大きな役割は、〝ちょっとしたことで大騒ぎする〟ことです。

例えばクラスにリストカットをしている子がいても、高校の先生のなかには、「いまどきリストカットをしている子なんかたくさんいるもの」と流してしまう人もいます。

そんななかで、教育相談の先生、たった一人でもいい、「大変だ、大変だ、あの子、リストカットをしている」と大騒ぎをする先生がいると、ほかの先生も、「そうなんだ、あの子……」と思い、普段からその子に目をかけて、声かけをしていくようになりやすいものです。多くの教師がその子に対して「ケアする目」をもちやすくなるのです。

教育相談の基本は、〝事なかれ主義をやめて、事を荒立てる〟ことです。

一人の子どものことで、「大変だ、大変だ」と先生方が騒ぐことで情報を共有し、ケアしあっていくこと——これが学校教育相談の基本姿勢なのです。

チーム支援

75 スクールカウンセラーを活用する四つの鉄則

先生方がスクールカウンセラーをうまく活かしていくためには、

①スクールカウンセラー担当の教員（カウンセリングの予約表を管理したり、前回の勤務日以降に起きた出来事を伝えたりする教員）を必ず決める。

②職員室にスクールカウンセラー用の机を置く。

③スクールカウンセラーの勤務日に教育相談部会を設定する。

④相談予約が入っていないときはカウンセラーは相談室ではなく職員室にいるようにする。

この四つをまず確認しましょう。

スクールカウンセラーに対してこういった苦情が結構あります。「あの人はいつ来て、いつ帰っているのかわからない」「いつも相談室にこもりっきりで、ほとんど顔も見たことがない」。けれども、スクールカウンセラーの側に立ってみれば、担当の教員も決まっていないし、職員室にいても机がないから居場所がない。相談部会もスクールカウンセラーの勤務日以外に設けてあるし、自分でも所在がなくてどこにいていいかわからない。だから、仕方なく相談室にこもっていることも多いのです。

これは、もったいないことです。教師は「スクールカウンセラーが何をしてくれるか」と考える前に、「どのように活用できるか」という姿勢でかかわるべきです。

さいたま市教育委員会では、スクールカウンセラーがいる基本の場所は、相談室ではなく職員室であると指定しました。教師に助言をしていくこと（教師へのコンサルテーション）がスクールカウンセラーの大きな役割であることを方針として明確に打ち出したのです。

また、「スクールカウンセラーが勤務可能な日」と「各学校の教育相談部会がある日」をマッチングさせて、どのカウンセラーをどの学校に振り分けるかを決めています。教育相談部会に出ていると、その学校の様子がわからないということはなくなります。

もちろん職員室に机も置いてあるし、スクールカウンセラーの担当者も決めてあります。こういう体制をまず整えることが、スクールカウンセラーを十分に活用するために必要です。スクールカウンセラーを生かすも殺すも〝教師チームの腕次第〟なのです。

チーム支援

76 学校や学級が荒れたときの対応で必要なのは三つ。①大声で怒鳴るのをやめる。②追い詰めるのをやめる。③生徒のことを信頼し、粘り強くかかわり続ける。

私がこれまでかかわってきた中でいちばん荒れていた中学校では、ひどいときには、三年生のある学級で、三十五人中十七人が不登校だったこともあります。月曜日の教師の出勤率も六割まで低下していました。

荒れている生徒は、教室に入らずに、学校中をうろうろしています。先生方も怒鳴ったり、生徒を追いかけたりするうちに疲労困憊してしまい、〝集団うつ〟状態になっていました。

この学校が再生するためにやったこと。それは、①大きな声で子どもに怒鳴るのをやめる、

②子どもを追い詰めるのをやめる。ただこの二つのことを教員全員が徹底しただけで、見る見る間に学校の様子が変わっていきました。

この学校はその方針で収まっていったのです。「この学校は不良みたいな生徒のことも見捨てない。先生がかかわってくれる」という評判が広まっていったのでしょう。市内のいろいろな制服を着た生徒が集まり始めました。やはりどの生徒も「かかわってほしい」のです。

もちろんすぐに優等生になるわけではありません。けれど、たむろしている生徒ならたむろしているなりに、人に迷惑をかけないようにたむろするようになっていきます。学校全体の荒れも収まってきました。不登校も一気に減り、教師のメンタルヘルスも改善されていきました。

派手な格好をしたまま生徒が登校してくると、多くの中学校は、「帰れ、なんだその服装は。着替えてこいよ」と門前払いを食らわせます。学校に入れないのです。しかし入れなかったらどうなるかというと、その子たちはそのまま街に出ていって、卒業生のヤンキーとつるんでいって、下手をすると暴力団とつながってしまいます。次に学校に来るときは、上から指示された恐喝のために来るようになるかもしれません。

だから「荒れている子どもはとにかく帰す。着替えてこい」という指導には賛成できません。そういう方法をとったために街に出るようになって、ほんとうに手のつけられないようなところまで落ちていく子どもたちを目にしているからです。

77 生徒を決して切らない。見捨てない。

先の学校の生徒指導担当の教師のかかわりは実にうまかった。「S男、お前、十八歳になったらお父さんになって子どもを育てたいって言ってたよな。S男ならできると思うんだよ。S男、お前、あと三年たったら父ちゃんだぞ。今日みたいなこと、子どもに言えるか。できると思うんだよ、先生は」――こんな言葉をかけ続けていったのです。指導は入れるけれど、子どもを否定するような言葉は使わず、「お前はできる」と信頼と期待の言葉をかけ続けました。

裏切られても、裏切られても、見捨てない、粘り強い指導を続けていったのです。

子どもの方も最初は、「先生、そんなこと言ってもよお」と反発していましたが、気持ちが伝わると、だんだん収まっていきました。先生に本気で迷惑をかけることはしなくなります。

人間は、自分のことを信頼し期待してくれている人を裏切ることはできないものです。「お前はできる人間だ」という生徒への信頼を前提とした声かけを粘り強く続けること。決して切

「決して切らない。見捨てない」
——信頼と期待にもとづく粘り強いかかわりを

らない、見捨てない——あきらめない粘り強い指導が、そのうち功を奏すると信じるのです。

やはり教育というのは、生徒への信頼を前提としないと成り立たない仕事です。私はこのことをこの教師から教わった気がしています。

「お前ならできると思うんだ」と子どもを信頼し、粘り強く声かけを続ける中で、だんだん収まっていって、教師との対立がなくなっていきます。

生徒と教師が対立して、いいことは何一つありません。教師に対する憎悪の念を生むような指導をしていても、いいことは一つもないのです。

まず教師のほうから生徒のことを無条件に信頼する。そのうえで粘り強く指導し続ける。その中で、生徒のほうもじわりと変わってくることがある。

こういう生徒の変化を見ることが、教師にとって最大の喜びではないでしょうか。

メンタルヘルス

78 「一人カラオケ」や「アロマ」を使って、ストレスをこまめに解消していこう。

教師は一般企業の二・五倍も、うつ病になる人が多い仕事です。メンタルヘルスを維持していくためには、こまめにストレスを解消していく工夫が大切です。

「学校にいてもすぐできる、ストレス解消の方法」をいくつか紹介しましょう。

一つは、「紙をちぎる」という方法です。大きな声で「ケーッ!」などと叫びながら紙をちぎるのです。私がこれを最初に見たのは、ダギーセンターというアメリカの子どものトラウマケアの施設です。学校には印刷ミスをした紙が余っています。これをちぎるだけでもストレス解消になります。しかも、ちぎるリズムに合わせて、大きな声で叫ぶと、さらに効果的です。

二つめは、「大きな声で叫ぶ」ことです。これは学校の中ではできませんね。お薦めなのは、

「一人カラオケの三十分コース」です。給食を食べながら五曲ぐらいセレクトしておいて、帰宅途中にカラオケ店に寄って、五曲いっぺんに入れてガーッと歌いまくりましょう。もちろん間奏はカット。曲の合間に「○○のばか野郎！」などと叫んでもいいでしょう。

三つ目は、クッションなどに「パンチ」することです。前にある中学校の先生の相談を受けたことがあります。「ふざけた生徒を見ていると腹が立ちます。ほんとうにたまらないですよ。つい殴りたくなってしまいます」。

でも体罰を振るってしまっては、先生が失うものが大きすぎます。先生方で話しあった結果、職員室にサンドバッグを買いました。最初はよかったんです。先生方のストレス解消に役立っていました。けれど、困ったことに、サンドバックに気づいた元気のいい生徒が職員室に遊びに来るようになってしまったのです。これは困るので、職員用のトイレにクッションか何かを置いて、「ウリャーッ！」とパンチをかましましょう。

最後にお薦めなのは、「アロマ」です。アロマを使って気分転換をしている女性の方は少なくないと思います。学校で使うには、アロマスティックがお薦めです。リップスティック状のアロマですね。においは脳の一番古い部分をダイレクトに刺激するので、短時間のうちに気分を変えるのに効果的です。

こうした方法を工夫して、こまめにストレスを解消していきましょう。

メンタルヘルス

79 うつ病は早期発見、早期対応が大切。一週間以上よく眠れない日が続いたら、気軽にメンタルクリニックに行こう。

教師はうつ病に最もなりやすい職業の一つです。

うつ病と単なる落ち込みの最大の違いは、「睡眠障害」があるかどうかです。熟睡できないと脳が休んでいないので、脳内の血流が悪くなります。ある方は軽いうつ病のことを「朝刊シンドローム」と呼んでいます。朝に新聞を楽しく読めるかどうかで、うつの兆候をチェックできるからです。朝、新聞を読んだり、インターネットの文字を追うことで、自分の脳内血流の状態をチェックしましょう。

まだうつ病になる前の、「一週間ぐらいよく眠れない日が続くな」と思った時点で、気軽にメンタルクリニックに行って睡眠導入剤や熟眠剤をもらうことをお薦めします。

睡眠剤に対して危険なイメージを抱いている方もおられると思います。けれど、これは誤解です。例えばアメリカでは、眠るためにアルコールを飲む人はかなりの低所得者層で、多くの人が副作用の少ない睡眠導入剤を使っています。よく眠れない日が続いたら、クリニックで睡眠導入剤をもらって熟眠を心がける。これがうつから自分を守る最良の方法だと思います。

私も三・一一の地震があったときに、「この本を書かないとまだ死ねない」という思いがこみ上げてきて、二カ月ぐらいの間一日二時間ぐらいしか眠らずに、ある本の原稿を書き続けたことがありました。すると、「眠ろうと思っても眠れない状態」になり、メンタルクリニックに行って睡眠導入剤をもらったことがあります。飲んでみた感想は、ほんとうにぐっすり眠れるようになる、ということです。翌日の仕事が途端にはかどるようになりました。

いまは副作用の少ないお薬もたくさん出ています。睡眠導入剤に対して偏見をもたず、気軽にメンタルクリニックに行きましょう。いい睡眠導入剤をもらったら、職員室で「これを飲むとすごくいいですよ、ぐっすり眠れるし、仕事がはかどりますよ」と、ほかの先生に自慢するぐらいでちょうどいいと思います。

うつになるのは決して恥ずかしいことではありません。

教師にとって厳しいこの時代、「うつは、まじめにやってきた〝教師の勲章〟の一つ」なのです。

メンタルヘルス

80 教師の主な悩みは四つ。①多忙さ、②学級経営や生徒指導、③保護者対応、④同僚や管理職との関係です。教師にとって最も大きな支えとなるのは、〝教師同士の支えあい〟です。

一九九九年に「教師を支える会」をつくって以来十五年間、私は多くの先生方の悩みを聞いてきました。そこでわかったことの一つは、忙しさで疲れきっていて、クラスの子どももともうまくいっていない。保護者からも毎日のようにクレームをつけられている――そんな先生でも、勤務校の先生同士に支えあう関係があると、何とかしのいでやっていけることが多い、ということです。保護者からのクレームが激しかったり、クラスが荒れたりしていても、教師同士が

悩んでいる教師のための「援助資源」リスト

「援助資源」リスト　　（2009　吉満・諸富）

このうち、だれだったら、あなたが困っているとき、悩みを聞いて味方になってくれるでしょうか。○を付けてみましょう。

- ・同じ学年の先生（　　　　　先生）
- ・同じ学校の先生（　　　　　先生）
- ・校長や教頭（　　　　　先生）
- ・保護者（　　　　　さん）
- ・恩師（　　　　　先生）
- ・前にいっしょに働いた先生（　　　　　先生）
- ・かつての校長や教頭（　　　　　先生）
- ・研修や勉強会で出会った先生方（　　　　　先生）
- ・同期の仲間（　　　　　先生）
- ・友人や知人、恋人（　　　　　さん）
- ・夫や妻、親（　　　　　）
- ・ネット上の相談相手（　　　　　さん）
- ・特別支援教育コーディネーターの先生（　　　　　先生）
- ・スクールカウンセラー（　　　　　さん）
- ・教育センター
- ・教育委員会
- ・病院へ行ってみる
- ・心理士や弁護士などの専門家
- ・その他（　　　　　）

諸富祥彦著『教師の悩みとメンタルヘルス』図書文化社、2009年

支えあえていると、うつ病から休職ということにはならずにすむケースが少なくないのです。

逆に、追い込まれて気持ちが滅入っているときに、校長に相談してみたら、「君、それは、やっぱり君自身にも大きな問題があるんじゃないのかね」と突き放されて、その瞬間からうつ病になって休職せざるをえなくなる方も少なくありません。

こうしたケースを見ていると、教師を最後に支えてくれるものは〝教師同士の支えあい〟であることを実感します。

「支えあえる職員室」「弱音を吐ける職員室」をつくっていきましょう。

ある教師がうつ病になり、休職しようかと、校長先生に相談に行きました。すると、その校長先生は「親もしっちゃかめっちゃか、子

どももしっちゃかめっちゃかなこの時代、一生懸命教師をやっていたら、一度や二度はうつになって当たり前。むしろ一回もうつになっていないというのは、どこかで手を抜いている証拠。うつ病は教師の勲章だよ、君」と言われたのです。

この言葉が支えとなり、結局この先生は休職もせず、退職もせずに、教師を続けることができました。いまでは校長になっています。

この先生は、これまでの教師人生をふり返って、次のように語ります。

「教師にとっていちばん大切なのは、教師同士の支えあいなんですね。教師を十年、二十年と続けていたら、たいていの人は、何回か、教師を辞める寸前のところまで、追い込まれることがあるはずです。こんなときに大切なのは〝同僚や管理職の先生が支えてくれるかどうか〟です。同僚の先生や管理職と〝支えあいの関係〟ができていることが、長い教師人生を続けていくうえで何よりも大きな力になるんですね」。

このように、しみじみと語っておられました。追い込まれてしまった教師を最終的に救ってくれるもの――それは〝教師同士の支えあい〟なのです。

「弱音を吐ける職員室」「支えあえる職員室」をつくることで、教師の「援助希求性」（自分から援助を求め、ほかの先生に相談していくこと）を高めていくこと――これが教師のメンタルヘルスを保っていくうえで、最も大事なことなのです。

〔お知らせ〕　人間形成にかかわる教師は，自らの自己成長，人間的成長をはかっていく必要があります。自己成長，人間的成長を目的とした心理学の体験的学習会（ワークショップ）を年に数回行っています。ご関心がおありの方は，私のホームページ（http://morotomi.net/）の研修会コーナーをご覧のうえ，メール（awareness@morotomi.net）もしくはFAX（03-6893-6701）にお問い合わせ／お申し込みください。郵送の方は，下記まで94円切手同封のうえ，お知らせください。

〒101-0062　東京都千代田区神田駿河台1-1　明治大学14号館
諸富研究室内「気づきと学びの心理学研究会」宛

図とイラストですぐわかる
教師が使えるカウンセリングテクニック80

二〇一四年 四 月二十日　初版第一刷発行　［検印省略］
二〇二一年十二月 一 日　初版第四刷発行

著　者　諸富祥彦©
発行人　福富 泉
発行所　株式会社 図書文化社
〒一一二・〇〇一二　東京都文京区大塚一・四・一五
電話　〇三・三九四三・二五一一
ファクス　〇三・三九四三・二五一九
振替　〇〇一六〇・七・六七六九七
http://www.toshobunka.co.jp/

装　幀　本永恵子デザイン室
イラスト　後藤憲二
印刷 製本　株式会社 厚徳社

ISBN978-4-8100-4643-4 C3037